AFFAIRE DE PANAMA

COUR D'ASSISES DE LA SEINE

PLAIDOIRIE

DE

Me Henri BARBOUX

POUR

M. Charles de LESSEPS

PARIS
SOCIÉTÉ ANONYME DE PUBLICATIONS PÉRIODIQUES
13, QUAI VOLTAIRE, 13

1893

AFFAIRE DE PANAMA

AFFAIRE DE PANAMA

COUR D'ASSISES DE LA SEINE

PLAIDOIRIE

DE

Me Henri BARBOUX

POUR

M. Charles de LESSEPS

PARIS
SOCIÉTÉ ANONYME DE PUBLICATIONS PÉRIODIQUES
13, QUAI VOLTAIRE, 13

1893

COUR D'ASSISES DE LA SEINE

AUDIENCE DES 16 ET 17 MARS

Permettez-moi, Messieurs les jurés, d'entrer tout de suite dans la discussion du procès. Aussi bien les forces de tous commencent à s'épuiser, et je voudrais être sûr d'aller jusqu'au bout de la tâche très noble, mais très lourde que j'ai accepté de remplir.

Je dis très lourde, car je rencontre ici six adversaires, et je dois par conséquent répondre à tout le monde.

Il faut pourtant faire une grande différence entre mes divers adversaires. J'aurais pu dès le début, par un moyen de droit dont je vous épargne même l'indication, fermer la bouche aux parties civiles et les empêcher de se présenter à la barre de la Cour d'assises ; je ne l'ai pas voulu, par une raison très simple : j'aurais ainsi donné à M. l'Avocat général l'avantage de parler non seulement au nom de ces grands intérêts de la justice dont il a le dépôt, mais encore au nom des intérêts privés des obligataires. Et comme j'étais sûr à l'avance que M. l'Avocat général tiendrait en leur nom un langage qui ne répondrait pas à leurs sentiments, j'aimais beaucoup mieux que les obligataires fissent eux-mêmes entendre ici leurs voix et leurs doléances.

Je résumerai assez exactement, je crois, l'impression qu'ont pu vous laisser leurs plaidoiries en disant que tous, sous des formes diverses et avec un égal talent, ont tenu le langage suivant : ils ont reconnu la probité et la droiture de M. Lesseps, qualités qui, en général, ne conduisent pas en Cour d'assises.

Tous ont proclamé son intégrité, lui ont rendu hommage, et tous ont fait appel à sa droiture en lui disant :

« Nous savons bien, nous reconnaissons publiquement que vous avez subi les plus redoutables pressions. Vous avez désigné quelques-uns de ceux qui les ont exercées, cela est bien; mais ce n'est pas assez pour nous, vous en connaissez d'autres, faites-les-nous connaître, et à ce prix, soyez-en sûr, le jury rapportera un verdict d'acquittement. »

Je ferai observer à mes honorables confrères qu'ils tiennent ici, sans s'en apercevoir, à M. de Lesseps, exactement le langage que M. Soinoury a tenu à Mme Cottu, avec cette double différence, tout à l'honneur de mes honorables adversaires, qu'ils ne sont pas directeurs de la Sûreté générale, et qu'ils n'indiquent pas à M. de Lesseps le côté de la Chambre sur lequel doivent porter les dénonciations qu'ils sollicitent. Il me suffit en tout cas de constater ceci : ils ne vous demandent pas l'acquittement de M. de Lesseps; mais ils le prononceraient, et en cela d'ailleurs, ils sont absolument d'accord avec les 800.000 obligataires au nom desquels M. l'Avocat général n'a plus le droit de parler.

Est-ce vrai? Si je voulais produire les lettres (elles dépassent certainement aujourd'hui 500) que, pour mon compte personnel, depuis que cette affaire est engagée, j'ai reçues de ceux qui ont perdu de l'argent, vous verriez qu'aucun d'eux ne songe plus, maintenant que les faits ont été expliqués devant la première chambre de la Cour, à s'en prendre à M. de Lesseps. Tenez, voici ce qu'écrivait ces jours-ci une personne, au nom de vingt autres. Je ne lis cette lettre que parce que l'on indique les noms avec les adresses :

Nous étions vingt-deux Alsaciens-Lorrains, porteurs, pour une somme de 221.000 francs, de Panama : nous nous engageons encore à souscrire pour autant, si le fils du Grand Français doit reprendre la direction des travaux...

Voici les signataires : l'un est à la raffinerie Say, un autre est fabricant de liqueurs, un troisième restaurateur, un autre propriétaire, etc., ce sont des hommes intelligents, incapables de subir une pression. J'imagine bien d'ailleurs, qu'on ne nous soupçonnera pas de l'avoir exercée sur eux.

Vous n'avez point oublié non plus la déposition de M. Georges Thiébaud. M. Georges Thiébaud a entrepris de relever, s'il est possible, la Compagnie de Panama, de reprendre la suite des travaux, ce qui est en réalité le seul moyen de tirer parti de l'immense actif de la liquidation. Il vous a dit ce qu'il avait fait, il a visité la France entière. Partout il a organisé des comités, partout il a fait des conférences, partout il a expliqué ses idées et ses projets.

Il y a un mois environ, il a réuni à Paris tous les obligataires qui ont bien voulu se rendre à son appel, il s'en est trouvé 5.000 et parmi ces 5.000, des représentants de 200 comités de province. M. Georges Thiébaud avait obtenu, pour tous ceux qui sont ainsi venus, une réduction de moitié sur tous les chemins de fer, à l'exception d'ailleurs des chemins de fer de l'État, ce qui est, pour le gouvernement, une façon de manifester sa sympathie à l'entreprise.

Dans cette réunion, chaque fois que le nom de M. de Lesseps a été prononcé, il a été acclamé. Savez-vous à quoi cela tient? A ce sentiment profond de justice qui est au fond de toute âme française et que j'espère bien, à un moment donné, trouver dans la vôtre; cela me suffira, j'imagine, pour répondre aux dernières paroles que prononçait hier M. l'Avocat général :

« Si tous ceux que vous avez ruinés pouvaient faire entendre leurs voix ici, ce ne serait qu'une immense clameur ; cette clameur, je m'en fais l'écho et je dis : Justice! justice! justice! »

Ce cri, imité de Corneille, est éloquent à coup sûr, mais il est parfaitement injuste ; je vous ferai entendre, moi aussi, la clameur universelle, et nous verrons ce qu'elle demande à la justice du pays.

Laissons maintenant de côté, si vous le voulez bien, les parties civiles, et venons à l'accusation même.

L'accusation, Messieurs? elle repose tout entière sur l'allégation que voici : en 1885, la Compagnie de Panama se sent perdue ; elle n'a plus de confiance dans son œuvre et son crédit est ruiné ; cependant elle veut poursuivre son entreprise... pourquoi? M. l'Avocat général a négligé de vous le dire, mais il ne s'embarrasse pas pour si peu... Donc elle veut continuer son œuvre, et alors, reprend l'accusation, elle a recours aux moyens criminels, elle trompe le public par des affirmations mensongères et elle entoure des séductions les plus irrésistibles la chasteté ministérielle et parlementaire.

Jamais, Messieurs les jurés, on n'a plus hardiment

méconnu la vérité. Je veux vous montrer, au contraire, que la Compagnie n'a pas cessé un seul instant d'avoir pleine confiance dans son œuvre, que cette foi était partagée par tous ceux qui, à des titres divers, ingénieurs, commerçants, économistes, ouvriers, avaient pu étudier le but, les moyens et les résultats probables de l'entreprise; qu'elle était dirigée par des hommes honnêtes, délicats, désintéressés et que les difficultés financières, contre lesquelles en fin de compte elle a échoué, sont venues toutes de la faiblesse des hommes qui tenaient le pouvoir et de la rapacité de ceux qui en gardaient les avenues. Je vous montrerai aussi que le procès criminel qu'on fait à M. de Lesseps n'est pas autre chose qu'un moyen de donner le change à l'opinion publique, en lui offrant comme coupables ceux qui ont subi des extorsions pour mieux sauver ceux qui les ont pratiquées.

Ma discussion sera forcément très différente de celle de M. l'Avocat général. Il a glissé d'un vol élégant et rapide sur la surface du procès; il ne démontre pas, il affirme; il prend une à une les pièces qui le servent ou les témoins qui favorisent sa démonstration; il ne s'inquiète pas des autres. Tout ce qui s'est passé à l'audience, tout ce qui s'y est dit, toutes les contradictions qui ont été apportées, toutes ces affirmations catégoriques qui ont, les unes après les autres, démoli, réduit à néant les affirmations les plus précises de l'acte d'accusation, tout cela M. l'Avocat général ne le rappelle même pas pour le discuter.

Je ne sais, Messieurs, s'il a raison, j'espère qu'il se trompe ; j'ai souvent entendu dire que le jury était une juridiction d'impression, autrement dit qu'il se décide plutôt par des impressions que par des raisons. J'ai toujours, quant à moi, cru le contraire, et chaque fois que j'ai eu l'honneur de plaider devant le jury, je l'ai considéré, je l'ai traité comme les magistrats devant lesquels j'ai l'habitude et l'honneur de plaider tous les jours. J'ai cru les jurés sensibles sans doute aux efforts qu'on fait pour les émouvoir, mais reconnaissants aussi du soin qu'on prend pour les convaincre ; je vous ai vus dès le début prendre des notes soigneuses sur tous les points qui vous paraissent graves ; je vous suppose donc désireux de vous instruire, de tout connaître avant de tout juger.

Par conséquent ne vous étonnez pas si, comme il est toujours un peu plus long de défendre que d'accuser, je ne me borne pas, comme M. l'Avocat général, à reproduire, les unes après les autres, les choses qui nous sont favorables, mais si je donne quelque attention aux charges de l'accusation, et si je les discute pour les détruire à l'aide des preuves que nous avons nous-mêmes apportées.

J'ai vu aussi, Messieurs les jurés, par l'indication même de vos noms et de vos professions, que vous appartenez tous au monde des affaires. Je m'en réjouis, car cela vous permettra d'entendre très aisément le langage que j'ai à vous parler. Ajouterais-je que cela doit aussi tout d'abord vous intéresser au sort d'un homme qui a passé trente ans de sa vie dans un travail acharné, pour un salaire dont vous apprécierez la médiocrité, sans autre but, sans autre mobile, que la gloire de son père et l'intérêt de son pays.

J'ai reçu, au début de ce procès, la visite de journalistes très aimables qui venaient me demander ce que je ferais si l'on apprenait que quelques-uns de nos juges eussent perdu de l'argent dans l'affaire de Panama ; pourquoi ne vous dirais-je pas ce que je leur ai répondu? « Si la loi le permettait, j'aurais demandé qu'on fît parmi les jurés un triage et qu'on voulût bien me donner pour juges ceux que la ruine de l'entreprise a le plus cruellement éprouvés ». Je veux ainsi vous donner la mesure de la confiance que j'ai dans l'honnêteté de ma cause et en même temps dans votre impartialité.

L'un des caractères les plus singuliers et peut-être les plus remarquables de l'entreprise du Panama, le voici : elle devait exiger des sommes immenses et toutes les ressources de l'art de l'ingénieur, et cependant elle n'a été organisée ni par des ingénieurs ni par des financiers. En 1879, 120 savants se sont réunis de tous les points du monde à Paris, en congrès, et là ils ont examiné minutieusement quatre points : Faut-il percer un canal entre les deux océans? Tout de suite cette question a été résolue par l'affirmative ; l'immense intérêt de cette œuvre pour le commerce du monde n'a pas rencontré un seul contradicteur. Alors ils ont examiné quel tracé il fallait donner au canal, quelles sommes il pourrait coûter et quel en serait le trafic probable. Voici la réponse qu'ils ont donnée à ces trois questions : ils ont décidé que le canal devait être ouvert dans l'isthme de Panama, ils ont émis l'avis qu'il pourrait coûter 1 milliard 70 millions, et enfin que le tonnage probable du canal serait de 5 millions dès l'origine et que très vraisemblablement, il pourrait atteindre 7 millions 1/2 de tonnes. Puis, après avoir confié l'entreprise aux mains de M. Ferdinand de Lesseps, ils se sont séparés.

M. Ferdinand de Lesseps avait alors 74 ans. Le canal de Suez était ouvert depuis dix ans et, bien qu'il eût coûté 450 millions au lieu de 160 qui avaient été prévus à l'origine, il donnait de prodigieux résultats ; on avait pensé qu'il passerait par le canal 3 millions de tonnes ; au bout de vingt ans il en passe plus de 8 millions, et les bénéfices que cette entreprise a procurés aux actionnaires français dépassent aujourd'hui la somme de 2 milliards. Un pareil résultat avait tourné toutes les têtes et enflé toutes les espérances. Il semblait que, désormais, rien ne fût impossible à l'homme qui, par sa merveilleuse souplesse et par son inflexible énergie avait triomphé à la fois des sables du désert et, ce qui était plus redoutable, de l'hostilité passionnée du gouvernement anglais. Cependant, M. Ferdinand de Lesseps hésitait ; ses amis, ses parents, au premier rang de ses parents, son fils Charles, qui est là devant vous, le suppliaient de ne point risquer le reste de sa vie dans une telle aventure. Toutes ces hésitations cédèrent devant les sollicitations d'un homme qui, sous des apparences familières et des dehors quelquefois assez rudes, cachait cependant un don d'irrésistible séduction, je veux dire Léon Gambetta.

Lui aussi, Messieurs les jurés, était alors à l'apogée de sa gloire ; président de la Chambre et maître des ministres qui lui obéissaient comme des commis. Il fit représenter à M. de Lesseps qu'il s'agissait là d'une œuvre patriotique à accomplir. L'empire avait fait Suez, et le succès du canal de Suez avait consolé la France pendant les tristes années qui avaient suivi la guerre ; il fallait que la République eût aussi sa grande œuvre, et quelle œuvre plus belle que d'aller marquer ainsi, du sceau du génie de notre race, la terre qui sépare les deux Amériques, et de forcer ainsi pour toujours les navires des deux mondes à passer dans les eaux d'un canal français! M. de Lesseps cependant hésitait encore et, sans bien s'en rendre compte, il apercevait les effroyables difficultés financières que pouvait rencontrer une pareille entreprise. Jamais de telles œuvres ne se sont faites sans le concours de l'Etat et, à l'heure où je parle, le Sénat des Etats-Unis se dispose à mettre 100 millions de dollars, c'est-à-dire 500 millions de francs, à la disposition d'une nouvelle compagnie, ce qui, lorsque je ramène mes regards sur la France, me conduit à une comparaison trop douloureuse pour que j'y veuille insister.

M. Ferdinand de Lesseps hésitait donc ; mais Gambetta lui dit : « Soyez tranquille, je vous soutiendrai. »

Sur ce terrain, ces deux grands hommes étaient faits pour s'entendre. L'un de vieille race, l'autre d'origine nouvelle, l'un touchant aux extrémités de la vie, l'autre encore tout jeune, mais égaux cependant par la largeur des vues, la hauteur des idées, la vivacité du sentiment patriotique, et cet instinct profond du besoin de gloire qu'il faut entretenir et satisfaire dans les grands peuples si l'on veut trouver en eux, aux heures difficiles, les vertus de dévouement et de sacrifice qu'exigent le culte et le service de la patrie.

Le 21 mai 1879, jour de la fermeture du congrès, on offrit à l'hôtel Continental un souper aux délégués étrangers ; Gambetta y vint et ce fut là que, dans l'une de ces improvisations qui allaient droit au cœur de tous parce qu'elles partaient tout droit du sien, il salua pour la première fois M. Ferdinand de Lesseps de ce titre de Grand Français, que depuis il a porté partout comme le suprême honneur de sa vie... et aussi, Messieurs les jurés, comme le suprême péril, car, entendez-le bien, je vois clair dans l'âme de ceux qui le persécutent; dans la haine dont ils l'honorent, dans la boue qu'ils ramassent pour le salir, il y a quelque chose de cette basse envie que les petits hommes éprouvent toujours pour ceux qui les humilient par leur désintéressement ou par leur gloire!... (*Mouvements dans l'auditoire.*)

La gloire, je n'ose pas en parler dans une Cour d'assises! Mais tout mon cœur français se soulève à la pensée de l'insulte qu'on lui a faite et de la honte dont notre pays a été couvert.

Ah! le désintéressement, par exemple, j'ai le droit de vous en parler. Vous trouverez dans mon dossier des bordereaux d'achat et de vente. Je vous en donne les résultats qui, soumis à la première chambre de la Cour, n'ont pas été contredits. M. Ferdinand de Lesseps, tout compte fait, a perdu dans l'entreprise de Panama, par les obligations qu'il avait achetées ou souscrites, une somme totale de 309.000 francs. A l'occasion du mariage de l'une de ses filles, il y a deux ans, il a dû établir le chiffre de sa fortune, et vous savez qu'en pareil cas on ne se fait pas généralement plus pauvre qu'on ne l'est. Il résulte d'un acte notarié que M. de Lesseps aurait laissé 2.300 francs de revenu à chacun de ses enfants si l'arrêt qui l'a frappé ne le réduisait d'avance à la misère et ne l'obligeait désormais à compter sur la générosité de ses amis pour soutenir le reste de sa vie.

Ecoutez ceci, maintenant, Messieurs. Je vous ai dit que la Compagnie de Suez avait donné à nos concitoyens deux milliards de bénéfices; écoutez le langage et jugez les actes de celui qui a répandu une pareille fortune sur notre pays:

L'ancien consul des Pays-Bas en Egypte écrivait le 12 septembre 1890 à un ami la lettre suivante :

L'autre semaine, les journaux le *Jour* et le *Matin*, dans des articles sur Panama, parlaient du désintéressement de M. de Lesseps.

Veuillez me permettre de vous signaler un autre fait de cette nature peu ou point connu et dont j'ai été le témoin.

C'était en Egypte, en 1856, au mois de juillet, je crois, et si mes notes documentaires, comme toute ma maison d'ailleurs, n'avaient pas été brûlées en 1882, lors du bombardement d'Alexandrie, je serais à même de préciser la date exactement.

A cette époque, 1856, le fondateur du canal de Suez n'avait pas formé sa compagnie encore ; il était donc seul propriétaire de la concession que le vice-roi Saïd-Pacha lui avait octroyée.

Or, ce même jour, il avait passé tout l'après-midi avec Son Altesse et rentrait du palais à huit heures du soir.

Au moment de nous mettre à table, on lui apportait son volumineux courrier d'Europe, il le dépouillait en mangeant et je tâchais de lire sur sa figure l'impression des nouvelles qu'il recevait, lorsque je le vis sourire et, en me passant une des lettres, il me dit : Lisez.

On lui faisait l'offre de lui acheter la concession pour 50 millions de francs.

Quelle excellente affaire! m'écriai-je, et, j'espère bien que vous allez accepter. — Vous n'y pensez pas! me répondit-il. D'abord je n'en ai pas le droit, et... — Quant au droit, Saïd-Pacha vous l'accordera. Il est bien trop votre ami pour ne pas être heureux de vous voir à la tête d'une si grosse somme. — Peut-être, me dit-il, mais la concession appartient à l'humanité. Qui sait si l'acheteur creuserait le canal? Et, je me suis mis en tête que je le ferais, moi, et nul autre. — Mais, fis-je plus timidement, songez donc aux obstacles de toute nature que vous aurez à combattre et à vaincre! Puis vous n'êtes pas riche, vous avez des enfants. — Je ne dissimule pas, me dit-il, que c'est une très grosse besogne, mais elle ne m'effraie pas. Je sais bien que je ne suis pas riche ; je dois même à mon banquier, Fleury Hérard, quelques milliers de francs à l'heure qu'il est. Souvent j'ai toutes les peines du monde à joindre les deux bouts, mais Dieu est grand, comme disent les Arabes, et quant à mes enfants, ils travailleront comme leur père.

Puis, il déchira la lettre en me disant simplement : Tout cela entre nous, je vous prie, et n'en parlez à personne.

Puis le correspondant ajoute :

Je le lui ai promis et j'ai tenu parole, mais en présence des attaques écœurantes et ignobles dont le nom du Grand Français est l'objet, je pense avoir le droit de me croire relevé de ma promesse.

J'ose dire que les murs de cette salle ont rarement entendu semblable lecture.

Est-ce tout? Non, Messieurs. Avant le procès jugé par la première chambre et la Cour, on a fait une instruction de quinze mois, et avec tous les moyens dont le Parquet dispose, on a cherché à découvrir si MM. de Lesseps avaient tiré quelque profit de leur immense entreprise.

Combien il était facile de croire — car les hommes croient plus volontiers au mal qu'au bien — combien il était facile de croire que M. Ferdinand de Lesseps ou M. Ch. de Lesseps avaient pu user de leur puissance pour se faire remettre des pots-de-vin sous une forme ou sous une autre, n'est-ce pas? On a cherché partout, et voici, en fin de compte, l'hommage que le conseiller instructeur lui-même a été obligé de rendre à l'intégrité du père et du fils :

Nous devons reconnaître tout d'abord sur ce dernier point, dit le conseiller dans un interrogatoire, que, tous les paiements de quelque nature qu'ils fussent, se sont trouvés justifiés avec pièces à l'appui, par les pièces de votre comptabilité et qu'il n'est résulté, soit de l'instruction, soit de l'expertise ordonnée par nous, aucune preuve, de détournements, soit à votre charge personnelle, soit à celle d'aucun de vos collègues de l'administration.

J'ajouterai que l'arrêt même qu'a plusieurs fois invoqué M. l'Avocat général, a été contraint de reconnaître la probité de ceux qu'il condamne, en leur disant que « les mobiles de leurs actes n'avaient point été autres que l'ambition de la gloire ». Voilà pour le père.

Et le fils, Messieurs ? M. l'Avocat général disait hier : « Vous avez eu des parts de Suez et vous les avez vendues, cela vous a rapporté 200.000 francs. Mais ceux qui vous ont donné ces 200.000 francs meurent aujourd'hui de faim... » En êtes-vous bien sûr, monsieur l'Avocat général ? Ou bien n'est-ce qu'une métaphore et une supposition hasardée ? Si vous aviez remarqué qu'il s'agissait de parts de fondateur vendues 20.000 francs chacune, vous auriez tout de suite aperçu que ce ne sont ni des domestiques, ni des concierges, ni de simples ouvriers qui ont pu sur leur épargne acheter des parts de Panama à ce prix.

Laissons de côté la métaphore. En tous cas, j'ai ici la consistance de la fortune de M. Ch. de Lesseps, et suivant l'évaluation qu'on voudra donner à un immeuble, sa fortune s'élève entre 350.000 et 380.000 francs. Et pendant tout le temps qu'il a été à la Compagnie de Panama, ses appointements n'ont jamais été supérieurs à la somme de 18.000 francs.

Quant au travail qu'il accomplissait, je vous le montrerai plus tard, mais je voulais faire disparaître de vos esprits, dès maintenant, l'impression que M. l'Avocat général avait cherché à y déposer ; je voulais vous montrer tout de suite que les parties civiles qui, sur ce point, connaissent mieux l'affaire que M. l'Avocat général, qui, seules ici, ont le droit de parler d'argent, puisque seules ici elles en ont perdu, que les parties civiles ne se trompent pas lorsqu'elles rendent un hommage mérité à la probité et à l'intégrité absolue de M. Ch. de Lesseps.

Revenons maintenant, Messieurs, à l'entreprise. Je

vous ai dit que M. Ferdinand de Lesseps avait été chargé par les membres du congrès et avait accepté de la diriger, et tout de suite il montra à la fois sa crédulité, sa candeur et sa complète ignorance des usages financiers. Il lui fallait, Messieurs, 800.000 actions : « Mais ce n'est rien, dit-il; sur mon nom on les souscrira. Comme c'est la Compagnie de Suez qui va ouvrir ses guichets pour la souscription à des actions d'une compagnie similaire, tout le monde y viendra : tout le monde a gagné des sommes immenses dans l'affaire de Suez, tout le monde souscrira. »

Un financier doublé d'un journaliste ou si vous l'aimez mieux, un journaliste doublé d'un financier, M. Emile de Girardin, qui aimait M. Ferdinand de Lesseps, lui dit : « Vous n'êtes qu'un enfant ; vous ne réussirez à rien si vous ne vous adressez pas aux financiers. » M. Ferdinand de Lesseps demandait 800.000 actions ; on en souscrivit 60.000 ; la démonstration était faite.

Il comprit alors que nul, quelle que soit sa force, ne peut se soustraire aux pratiques constantes et aux usages du commerce ; il dut donc, comme tout homme qui organise une vaste entreprise, s'assurer du concours des financiers. Il le fit et la souscription réussit.

La Société fut donc fondée en 1881, deux ans après la la réunion du congrès. Aux termes des conventions faites en 1879 entre M. F. de Lesseps et les personnes considérables qui l'avaient aidé dans les premières études de cette gigantesque entreprise, 100 parts bénéficiaires devaient être mises à la disposition de M. Ferdinand de Lesseps, pour les répartir entre les auxiliaires qui lui avaient apporté le concours de leur activité et de leurs connaissances.

C'est ainsi que M. Charles de Lesseps, porteur d'une lettre de son père, se présenta chez M. Levasseur, membre de l'Institut.

Si je ne savais combien il est quelquefois aisé de faire, avec des choses insignifiantes, une impression durable, je ne m'arrêterais pas à de pareilles minuties, vraiment indignes du talent de M. l'Avocat général.

Nous discutons sur le point de savoir si, en 1885, M. Ch. de Lesseps, en subissant les exigences pécuniaires de M. Baïhaut, a une part de responsabilité criminelle dans l'acte de M. Baïhaut. Nous discutons sur le point de savoir si, en 1888, l'argent donné à M. de Reinach a servi ou non à corrompre les cinq députés ou sénateurs qui sont ici sur ces bancs, et si M. de Lesseps y a été pour quelque chose, et pour arriver à cette démonstration, M. l'Avocat général s'en va... je ne veux pas dire ramasser — le mot manquerait de bienséance — mais s'en va rechercher un détail absolument insignifiant, complètement étranger au procès, qui ne peut rien prouver, qui se retourne contre celui qui l'invoque, le tout afin de gonfler un dossier absolument vide...

Qu'a dit M. Levasseur? Il faut parler franc. Puisque vous invoquez le refus de M. Levasseur comme une preuve des habitudes de M. Ch. de Lesseps, c'est qu'alors vous entendez établir que, vis-à-vis de M. Levasseur, il y avait une sorte de tentative de corruption. Si ce n'est pas cela, ce n'est rien et alors pourquoi en parle-t-on? Pourquoi suis-je réduit à m'en expliquer?

Pourtant, ce qui s'est passé est bien facile à expliquer, M. Levasseur l'a dit lui-même :

Je suis prêt à répondre avec la plus grande sincérité. Je ne me rappelle pas beaucoup les noms que M. de Lesseps m'a cités à ce moment-là, mais je crois me rappeler que le nom de M. La Roncière Le Noury n'y était pas. Je me rappelle très bien les noms d'ingénieurs, mais il est inutile, je crois, de les nommer, car la plupart sont morts; mais j'ai, en écrivant à M. Ch. de Lesseps, dit que la manière de comprendre la question n'était pas la même dans toutes les situations, que j'étais, moi, un savant, qu'il ne me convenait pas d'accepter cette offre gracieuse, mais que je comprenais que des entrepeneurs, des ingénieurs, eussent au contraire un sentiment tout autre et qui était tout aussi honorable que le mien. J'ai écrit cela, parce qu'en effet, il y a eu des noms qui m'ont été cités.

D. — Je reviens, Me Barboux, à votre dernière question qui est celle-ci : « M. Levasseur a-t-il considéré comme offensante pour lui l'offre que lui a faite M. Ch. de Lesseps? »

Car, entendez-le bien, si la visite de M. Ch. de Lesseps peut lui être reprochée, c'est qu'elle était offensante pour M. Levasseur, c'est parce qu'elle portait atteinte à sa délicatesse, car c'est offenser quelqu'un que de lui offrir un pot-de-vin, parce que c'est le supposer capable de l'accepter. Tel était l'intérêt de la question posée à M. Levasseur, et voici sa réponse :

Je ne regardais pas cela du tout comme une offense, et j'ai très chaleureusement remercié M. de Lesseps de son attention, tout en n'acceptant pas son offre.

Ainsi M. Levasseur, savant illustre, tient à se maintenir toujours dans le pur domaine de la science. Ainsi l'a toujours fait M. Pasteur. Rien de plus noble, à coup sûr, que ce désintéressement. Mais M. Levasseur est trop intelligent pour ne pas reconnaître que ce qui ne lui convenait point, pouvait parfaitement bien convenir à un ingénieur, à un entrepreneur ou à toute autre personne.

Vous trouverez d'ailleurs aux pièces la liste des

personnes auxquelles ces parts de fondateur ont été distribuées. Cette liste contient les noms les plus honorables et les plus justement respectés. La critique est donc mal fondée et je passe, pour arriver tout de suite à l'année 1885.

Quelle était, en 1885, la situation exacte de la Compagnie? La voici en quelques mots : 550 millions avaient été dépensés, ils avaient été avancés par 102.116 actionnaires et 217.673 obligataires, c'est-à-dire 319.000 citoyens français.

Vous savez combien, de 1881 à 1885, les conditions du crédit s'étaient modifiées. Vous n'avez certes pas oublié le grand krach financier du 28 janvier 1882, krach qui, un ministre de la justice l'a naïvement confessé à la tribune, a été dû tout entier à l'imprudence qu'on a faite en arrêtant brusquement les directeurs de l'Union Générale, et qui a coûté certainement à la France de 5 à 6 milliards.

La Banque de France tombant de 7.000 à 3.500 francs, toutes les autres valeurs subissant une dépréciation semblable, le crédit de tous côtés se resserrait, et vous comprenez à merveille combien cet état de choses était désastreux pour une Compagnie qui, engagée dans une entreprise colossale, devait demander chaque année 150 millions d'argent à l'épargne publique.

Elle était, en un mot, dans la situation où nous serions nous-mêmes si, négociants ayant entrepris un commerce ou construisant une usine, nous nous trouvions brusquement dans l'obligation de payer l'argent le double du prix sur lequel nous aurions compté.

C'est alors que la Compagnie songea à recourir à un

procédé qui avait réussi dans l'entreprise du canal de Suez. Elle songea à demander au gouvernement l'autorisation d'émettre des obligations à lots, parce que ces obligations, ayant la faveur du public, se placent à un taux plus élevé.

Si la Compagnie eût été dirigée par des financiers habiles et audacieux, elle n'aurait point été forcée de recourir au Parlement. Il lui aurait suffi de maintenir le cours de ses actions au-dessus du pair : c'est ce que fait l'Etat quand il veut émettre un emprunt. Non seulement il maintient le cours de la rente, mais encore il la fait monter; car il est clair qu'on ne lui achèterait pas un titre nouveau si l'on pouvait s'en procurer un semblable à meilleur marché. Mais, ni M. Ferdinand, ni M. Ch. de Lesseps, ni leurs amis, n'étaient des financiers. Ils se souvinrent du moyen qui avait réussi à la Compagnie de Suez, et rien ne leur parut plus naturel que de s'adresser au gouvernement pour lui demander une faveur dont le gouvernement précédent avait honoré la Compagnie de Suez.

Ici je rencontre encore une nouvelle accusation. Si j'étais cruel, je rapprocherais le réquisitoire de M. l'Avocat général du dossier de l'instruction elle-même, et je lui montrerais que tout son réquisitoire d'hier s'appuie beaucoup plus sur des témoins, que j'appellerai de hasard, puisqu'ils ont presque tous été appelés ici en vertu du pouvoir discrétionnaire de M. le Président, que sur ceux entendus dans l'instruction elle-même.

M. l'Avocat général a profité de tout ce que le hasard lui a fourni de favorable à sa thèse. Mais alors la lutte est inégale entre l'accusation et la défense. Par exemple, on a fait comparaître ici M. Allain-Targé. On n'avait pas prononcé son nom dans l'instruction, pas davantage dans l'acte d'accusation ; on n'avait pas dit un mot de ces prétendues tentatives d'intimidation commises sur M. Allain-Targé ; elles étaient ignorées de M. l'Avocat général ; c'est le hasard d'un interrogatoire, un nom prononcé par je ne sais qui, qui a amené ici M. Allain-Targé.

Or il peut arriver à tout honnête homme d'être l'objet d'une accusation injuste, et la loi de procédure criminelle s'est préoccupée avant tout des intérêts de la défense. C'est pour cela qu'elle a voulu que l'accusé sût d'avance quelles seraient les preuves produites contre lui et sur quels témoins elles s'appuieraient, parce que s'il ne sait pas cela d'avance, s'il ignore les charges ou les témoins qu'on invoquera contre lui, comment voulez-vous qu'il se défende, lui prisonnier, comment voulez-vous qu'au milieu des surprises de l'audience, il pare des coups inattendus contre lesquels il demeure impuissant? La règle essentielle de toute justice est ainsi violée.

Ce n'est pas que la déposition de M. Allain-Targé nous embarrasse beaucoup. Pour qui connaît un peu l'histoire parlementaire des dernières années, M. Allain-Targé appartient à cette école d'hommes politiques absolument intègres, mais qui poussent la pureté des principes jusqu'à penser que le premier devoir d'un homme d'Etat est de n'entendre absolument rien aux affaires. (*Mouvement et rires.*) Il vous l'a dit avec une merveilleuse candeur : « J'ai toujours pensé que, quand un ministre laisse entrer dans son cabinet un homme d'affaires, il est perdu. » Alors, comment peut-il les diriger, les affaires?

D'ailleurs cette école a encore des représentants. Il ne se passe guère de session sans que quelques membres de la Chambre proposent de chasser du Parlement les entrepreneurs, parce qu'ils pourraient faire des marchés avec l'Etat; les architectes, parce qu'ils pourraient être chargés de travaux à exécuter; les financiers, parce qu'ils pourraient s'intéresser dans des affaires financières auxquelles l'Etat est lui-même mêlé; en un mot, tous ceux qui ont une profession déterminée, parce qu'à un moment ou à un autre, ils pourraient se trouver en contact avec l'Etat.

Donc, M. Allain-Tagé a dit : « J'étais en 1885, avant M. Demôle, ministre des travaux publics. J'ai reçu une visite. » Laquelle? celle de M. Ferdinand de Lesseps, et qu'il avait grand'peur de cette visite. Il ne nous paraît pourtant pas un homme timide. Mais il en avait grand'peur parce qu'il savait que M. Ferdinand de Lesseps était très obstiné et très irritable, et qu'il était prévenu d'avance que M. Ferdinand de Lesseps venait lui demander...... quoi?... un acte de corruption?... non, mais de déposer un projet de loi pour obtenir la faveur d'émettre des obligations à lots. Or, il était d'avance — il le dit — sans autre étude, sans autre examen, opposé à ce projet.

La conversation s'engage entre eux. Je prends la partie de la déposition qu'invoque M. l'Avocat général :

Je répondis. Je l'irritai vivement, si bien qu'il finit par se fâcher et qu'il me dit : Prenez garde! si la République refuse ce que l'Empire a accordé, je serai bien obligé de faire tomber la responsabilité sur qui de droit. J'ai derrière moi, 300.000 obligataires, j'ai derrière moi des intérêts très considérables ou très puissants; j'ai derrière moi toute la presse! Prenez garde, au lieu du concours que je vous offrais, que je ne sois obligé de vous rendre responsable, devant tous les intérêts que je représente, de l'échec de la Compagnie.

Mais quand j'aurais à défendre M. Ferdinand de Lesseps d'avoir tenu ce langage, j'aurais peu de peine à vous faire comprendre qu'il était tout à fait naturel et légitime. N'est-il pas vrai qu'à ce moment il avait derrière lui les intérêts de 300.000 obligataires; que l'intérêt de ces 300.000 souscripteurs était qu'on mît à sa disposition un moyen d'émettre des valeurs à lots et qu'on lui permît ainsi d'emprunter de l'argent à meilleur marché? N'est-il pas vrai que tout cela était dans l'intérêt de la France? Nous allons voir le successeur de M. Allain-Targé, M. Demôle, le reconnaître. Nous allons voir les ingénieurs du monde entier le proclamer.

Par conséquent, celui qui dans cette conversation avait raison, c'était M. Ferdinand de Lesseps et non pas M. Allain-Targé. D'ailleurs, lui a-t-il fait des menaces? Lui a-t-il proposé de l'argent? Pas le moins du monde. Il lui a dit : « Prenez garde, toute la presse est dévouée à mon entreprise parce qu'elle comprend qu'il y a là un intérêt patriotique. Vous ne voulez pas faire pour la Compagnie ce que l'Empire a fait pour celle de Suez, vous vous exposez à des attaques. »

Mais, ces attaques sont la conséquence de toutes les luttes politiques. Elles sont la vie des peuples libres, et la seule règle est de ne pas recourir à des moyens déloyaux.

Il ne reste donc rien de la déposition de M. Allain-Targé, d'autant plus que cet homme rigide et intègre, mais très fin, a eu soin de nous dire :

Je ne connais ni Arton, ni Herz, ni Reinach, mais j'avais rencontré quelquefois M. Lévy-Crémieux. M. Lévy-Crémieux était un homme, après tout, intéressant sur ces questions de bourse et de finance dont il connaissait tous les dessous. Il était intéressant surtout pour moi qui m'occupais de questions financières et qui n'ai jamais fait d'affaires.

Que M. Allain-Targé se défende d'avoir jamais fait d'affaires, cela le regarde, mais quant à prétendre que le premier devoir d'un ministre est de ne jamais voir la figure d'un financier, il sait bien que cela n'est pas vrai, il sait bien qu'il ne l'a pas fait. Mais je vais vous dire pourquoi il a pris la précaution de parler de Lévy-Crémieux. C'est que, sur-le-champ, aussitôt sa déposition reproduite par les journaux, de toutes parts des témoins ont surgi, venant me dire : M. Allain-Targé se moque de vous. M. Allain-Targé était au mieux avec M. Lévy-Crémieux. Ils se voyaient à chaque instant et dans les papiers saisis de M. Lévy-Crémieux, j'ai quelque raison de croire qu'on trouverait d'affectueuses lettres de M. Allain-Targé.

Mais voici bien autre chose. M. Ch. de Lesseps a fait l'observation suivante :

« Tout cela est possible ; mais enfin de qui, vous, Monsieur Allain-Targé, avez-vous reçu la visite ? Qui vous a pressé avec la vivacité dont vous avez gardé un tel souvenir, à huit ans d'intervalle ? — « C'est votre père, dit M. Allain-Targé. » Alors, M. de Lesseps a repris : « Mon père a peut-être des vivacités, mais moi, je n'en ai pas : en tous cas, ce n'est pas de moi qu'il s'agit. »

Croyez-vous que cela ait embarrassé M. l'Avocat général ? Il s'en est tiré par un trait d'esprit, mais les traits d'esprit ne signifient rien en Cour d'assises. Vous avez dit hier, Monsieur l'Avocat général : « C'est la raison sociale de Lesseps et Cie qui a voulu exercer une pression sur la conscience de M. Allain-Targé. » Mais est-ce la raison sociale de Lesseps et Cie que vous poursuivez ici, ou est-ce une personne déterminée, à laquelle vous imputez des faits précis et contre laquelle vous invoquez des témoignages catégoriques ?

Le reproche est donc sans portée ; mais je ne veux rien laisser derrière moi.

M. Demôle fut d'un avis opposé à celui de M. Allain-Targé ; il pensa qu'avant de prendre parti, le gouvernement devait être renseigné par un ingénieur de son choix sur l'état des travaux et le caractère de l'entreprise ; il confia cette mission à M. Rousseau, et, j'appelle, Messieurs les jurés, toute votre attention sur ce point, car il faut vous indiquer d'un mot le but de la démonstration que je poursuis.

Je veux arriver à l'affaire Baïhaut. N'oubliez pas que M. de Lesseps est peut-être le seul accusé qu'on n'ait jamais pu convaincre, même d'une erreur. Je n'en dirais pas autant de ses accusateurs.... On lui reproche donc d'avoir fait la réponse suivante :

« Si j'avais rencontré un ministre ou un homme politique assez misérable pour mettre son concours à prix d'argent et si le sort de la Compagnie en eût dépendu, j'aurais donné l'argent demandé ! »

Qu'il se lève celui qui oserait dire qu'il ne l'aurait pas fait !

Mais ce que je veux prouver, c'est ceci : lorsque l'exigence de M. Baïhaut s'est manifestée à M. de Lesseps, elle s'est imposée à un homme qui avait entre les mains une entreprise puissante, colossale, vivace, prête à réussir ; par conséquent, M. de Lesseps aurait été un fou s'il avait sacrifié 550 millions engagés dans l'entreprise pour ne pas subir l'exigence criminelle dont il était l'objet. Voilà ce que je soutiens.

Aussi, obéissant à la logique inflexible des idées, M. l'Avocat général a dit : « La Compagnie se sentait perdue. » C'est une façon de reprocher à M. de Lesseps d'avoir subi une exigence criminelle, sans avoir l'espérance de sauver la Compagnie.

Il est donc nécessaire, pour la justification de M. Ch. de Lesseps, de vous faire bien voir qu'à cette heure le gouvernement, l'opinion publique, le monde entier, proclamaient que l'entreprise devait être énergiquement poursuivie. Voyons donc l'avis de M. Rousseau, chargé de renseigner le gouvernement sur le point que voici : L'entreprise peut-elle vivre ou doit-elle être condamnée? Faut-il l'encourager ou la détruire ?

En même temps que partait M. Rousseau, M. Ferdinand de Lesseps voulut que tous les intéressés pussent juger la question en toute impartialité, et provoqua ce qu'il appelait lui-même une grande consultation nationale. Il écrivit à toutes les Chambres de commerce des grandes villes de France en les priant de désigner des délégués pour s'en aller avec lui dans l'isthme examiner l'état des choses et se rendre compte de l'état et des chances de l'entreprise.

C'était agir en homme loyal qui veut la lumière, qui ne veut ni se tromper, ni tromper personne.

Quels ont été les résultats de cette immense investigation? Je vais vous en faire connaître quelques-uns. Voici d'abord les termes dans lesquels M. Rousseau a résumé son avis :

En résumé, j'estime que le percement de l'isthme de Panama était une œuvre possible et qu'elle est engagée aujourd'hui à un point où on ne saurait l'abandonner.

Cet abandon serait en effet un véritable désastre non seulement pour les actionnaires de la Compagnie, qui sont presque tous Français, mais pour l'influence française elle-même dans toute l'Amérique.

Il ne paraît pas douteux que si l'affaire sombrait entre les mains de la Compagnie française, elle serait immédiatement reprise par une Compagnie étrangère, désireuse de ne pas laisser perdre le fruit des énormes sacrifices déjà faits et les résultats obtenus.

La Compagnie de Panama, par le nom et le passé des hommes qui la dirigent, par les collaborateurs éminents dont elle s'entoure, par le caractère grandiose et en quelque sorte humanitaire de l'œuvre qu'elle poursuit, par les efforts sérieux qu'elle a déjà faits et qu'elle fait encore pour mener cette œuvre à bien, mérite d'ailleurs la bienveillance particulière des pouvoirs publics.

Ainsi parle l'un des ingénieurs les plus distingués, investi de toute la confiance de l'État. Il est impossible d'être plus favorable à la Compagnie.

En même temps M. Rousseau engageait le ministre à demander à la Compagnie de Panama l'avis de la Commission technique établie auprès du conseil d'administration. Car il faut bien vous rendre compte de ce qu'était cette colossale entreprise. Pour conduire dans un autre continent de si prodigieux travaux, M. de Lesseps, qui n'était pas ingénieur, s'était assuré le concours des hommes les plus éminents ; c'étaient MM. Daubrée, membre de l'Institut, de Fourcy, Jacquet, l'amiral Jurien de la Gravière, Lalanne, de l'Institut, Laroche, Pascal, Ruelle, tous hommes de premier ordre.

Cette commission consultée, par l'ordre du ministre, sur l'avis de M. Rousseau, formula l'avis suivant :

Cette conviction, déjà si ferme, est devenue de plus en plus profonde à mesure que M. Dingler a présenté ses beaux projets et a su préparer dans l'isthme ces grandes installations et cet outillage puissant qui ont obtenu sans réserves le suffrage de votre commission et les suffrages des ingénieurs de tous les pays, même des adversaires du canal, de telle sorte que parmi ceux qui ont été appelés à voir par eux-mêmes la situation des travaux, il n'est personne qui doute que, s'il ne survient pas de difficultés étrangères aux considérations techniques, l'œuvre s'accomplisse conformément au programme qui a été tracé dans ses grandes lignes par le congrès international.

Un de nous, M. Jacquet, répétant que la construction du canal interocéanique à niveau est loin de présenter des difficultés insurmontables, pense même que le projet en cours d'exécution comporte des économies sur les dépenses prévues avec une ampleur qui aura sa raison d'être dans l'avenir, mais qui n'est pas nécessaire dans les premières années d'exploitation, et que, par des réductions — que la direction des travaux à Panama examine d'ailleurs — la Compagnie peut espérer qu'elle renfermera l'entreprise dans les limites de temps et d'argent qui sont annoncées. M. Jacquet suggère que ce résultat pourrait être également facilité, en cas de besoin, par une solution qui consisterait, sans abandonner, bien entendu, comme but définitif le canal à niveau, à étudier un premier mode provisoire d'exploitation au moyen d'un système d'écluses, avec bief de partage à une hauteur indéterminée.

Ainsi, tous les ingénieurs sont unanimes, l'entreprise est en bonne voie, il faut la poursuivre sans défaillance. Si l'on obtient la loi qu'à ce moment, 21 mai 1885, M. Ferdinand de Lesseps a demandée à la Chambre, et si les souscripteurs souscrivent les obligations qu'on leur offrira, l'entreprise réussira et récompensera largement tous les efforts.

Voulez-vous maintenant entendre le langage des négociants? J'ai fait comparaître à votre barre deux des délégués des Chambres de commerce qui sont allés à Panama, M. Charles Roux, député de Marseille, et M. Ferry, conseiller général de la Seine-Inférieure. L'un et l'autre ont examiné l'entreprise, non pas au point de vue technique qui ne pouvait être le leur, mais au point de vue commercial. Ils se sont convaincus que l'entreprise était magnifique et qu'à aucun prix il ne fallait l'abandonner.

Au nombre des membres de cette commission qui accompagnait M. de Lesseps, se trouvait un économiste comme M. Levasseur, M. de Molinari. Il a rendu hommage à l'indépendance absolue que M. Ferdinand de Lesseps avait laissée à la commission.

Voici son langage :

La commission présentait donc toutes les garanties d'indépendance et d'impartialité désirables, et, est-il nécessaire de dire qu'en la convoquant, M. de Lesseps donnait une preuve irrécusable de sa bonne foi et de sa confiance dans cette œuvre?

Je me plais à ajouter que, pendant les quinze jours que nous avons passés à examiner les installations et les travaux du canal, rien ne nous a été caché; nous avons pu voir tout ce que nous avons voulu voir, interroger qui nous avons voulu interroger. Ni M. Ferdinand de Lesseps, ni MM. Ch. de Lesseps et Cottu, qui l'accompagnaient, n'ont essayé d'exercer la moindre influence sur notre opinion. Ils ne nous ont même pas demandé quelle elle était. Les délégués des chambres de commerce ont consigné dans leurs rapports les résultats de leurs observations.

Je sais que le jury n'aime pas les lectures. Celle-ci est cependant intéressante, mais je ne veux pas la prolonger. Après avoir rendu hommage à l'indépendance absolue que M. Ferdinand de Lesseps et son fils avaient laissée aux délégués pour se former une opinion personnelle qu'ils ont exprimée ensuite dans leurs rapports, M. de Molinari émet, comme eux, l'opinion que l'entreprise est pleine d'avenir, et qu'à aucun prix il ne faut la laisser périr.

Ce n'est pas tout, le gouvernement colombien reconnaissait lui-même que la moitié du travail pouvait être considérée comme accomplie, et par un décret de 1886, faisait délivrance à la Compagnie des terrains promis par l'acte de concession.

Enfin, à la date du 5 août 1886, voici ce que le consul général de France écrivait à M. de Lesseps :

Certain, vous le savez, du succès et non moins certain que le canal sera une affaire au moins aussi bonne que celle de Suez, je désirerais prendre 100 des obligations que vient de lancer monsieur votre père.

Ainsi donc il ne s'élève ni en Europe, ni en Amérique une seule voix discordante. Personne ne doute du succès de l'entreprise. Où M. l'Avocat général a-t-il pris qu'elle fût dans un état désespéré ?

Qu'oppose-t-on, Messieurs, à ce faisceau de déclarations accablantes ? On m'oppose les appréciations de l'arrêt de la première chambre de la Cour.

Ecoutez-moi, Messieurs. Les juges ne sont pas ici en cause. Les juges sont des hommes, sujets à l'erreur, et certainement aucun d'eux ne prétend à l'infaillibilité. On m'oppose l'arrêt ; il m'est impossible de le discuter par une raison matérielle que vous allez comprendre. Il m'a fallu quatre audiences pour expliquer l'affaire. Il me faudrait un peu plus pour démontrer que l'arrêt s'est trompé sur tous les points. Rassurez-vous, je ne veux pas commettre un tel attentat contre vos personnes.

Mais puisque l'arrêt a été mis par la presse entre les mains de tous, il faut, pour que la justice soit égale, que je puisse le combattre. A cet effet, avec l'autorisation de la Cour, je remettrai entre vos mains une note que je recommande à votre attention, et je veux seulement vous présenter ici quelques observations générales.

M. le procureur général Quesnay de Beaurepaire était revenu de vacances, après avoir étudié le dossier et avait envoyé au ministre de la justice d'alors, M. Ricard, un rapport concluant aux poursuites. Cependant il laissait entrevoir que l'acquittement était probable. A ce moment le procureur général n'avait encore vu aucun des défenseurs. Mes confrères et moi lui fîmes respectueusement observer que pour un procureur général comme pour tout autre, qui n'entend qu'une cloche n'entend qu'un son, et nous lui demandâmes la permission de lui présenter quelques observations.

Nous eûmes avec lui de longues conférences et ce grand magistrat, à l'esprit largement ouvert à toutes les idées et à toutes les considérations, fit alors un second rapport dont les conclusions étaient absolument différentes.

Malheureusement, le conseil des ministres devant délibérer le 16 novembre, et la majorité étant résolue à suivre l'avis de M. le procureur général, le garde des sceaux Ricard déclara à ses collègues qu'il avait pris sur lui, sous sa responsabilité ministérielle, d'ordonner des poursuites. Le fait n'était pas rigoureusement exact. Il ne les a ordonnées que le lendemain, et même il est bon d'ajouter que le procureur général exigea un ordre écrit pour lancer les assignations.

C'est de cette incohérence ministérielle qu'est sortie la poursuite qui a abouti à la condamnation que vous savez. J'ajoute d'ailleurs que, trois jours après, le garde des sceaux était renversé par la Chambre dans de telles conditions......

M. LE PRÉSIDENT. — N'introduisez pas la politique dans votre discussion. Je vous conseille de la laisser de côté.

Me BARBOUX. — Mais, Monsieur le Président, je crois avoir le droit de parler de faits officiels.

M. LE PRÉSIDENT. — C'est une simple observation, il est bien entendu que vous avez toute liberté dans votre défense et que ce n'est pas nous qui l'entraverons.

Me BARBOUX. — Il m'a paru intéressant de constater

que c'est sans la volonté de celui qui nous a fait condamner que nous l'avons été. (*Rires.*)

J'ajoute autre chose, Messieurs les jurés. L'arrêt est déféré à la censure de la Cour de cassation et, croyez-moi, elle y regardera d'autant plus près que, par suite de son grade de grand-officier de la Légion d'honneur, M. Ferdinand de Lesseps et avec lui MM. Ch. de Lesseps, Marius Fontane et Cottu, ont été privés des deux degrés de juridiction. Quand un vagabond est condamné à 16 francs d'amende, il a le droit de demander à de seconds juges de réparer l'erreur des premiers. M. Ferdinand de Lesseps et ses coaccusés n'ont point eu cet avantage. La Cour de cassation ne pourra manquer d'être touchée de cette circonstance qui appelle un examen d'autant plus minutieux; et comme l'un des moyens de notre pourvoi repose précisément sur les arrêts de la Cour de cassation elle-même, il faudrait admettre que la Cour de cassation changera de jurisprudence tout exprès pour l'affaire de Panama.

Mais il y a quelque chose de plus.

M. l'Avocat général vous propose cet arrêt comme modèle. Il le considère comme le triomphe de la politique judiciaire du ministère public, et il vous engage à marcher derrière lui dans la voie lumineuse que l'arrêt a ouverte. (*Rires.*)

C'est le droit de M. l'Avocat général, mais il me semble que pour décider le jury à cette obéissance, il aurait été utile de lui montrer l'accueil que l'opinion publique a faite à cet arrêt, quels applaudissements il a reçus, quel surcroît de respect il a valu à la magistrature. Il aurait été utile de passer la frontière et, puisqu'il s'agit d'une affaire sur laquelle l'Europe entière a les yeux fixés, il fallait écouter la voix de l'Europe. Il suffisait même d'aller trouver le ministre des affaires étrangères qui n'aurait pas refusé les dépêches de nos ambassadeurs. M. l'Avocat général les aurait lues, et nous y aurions trouvé la preuve du surcroît d'honneur que l'arrêt a fait à notre pays. (*Mouvements et bravos.*)

Pourquoi M. l'Avocat général ne l'a-t-il pas fait? Est-ce par oubli? Non à coup sûr. Et si, par hasard, Messieurs les jurés, les juges s'étaient trompés! Si cet arrêt impitoyable avait arraché des entrailles de la France entière un cri de douloureuse surprise! S'il nous avait à l'étranger... Je m'arrête, Messieurs. J'ai là entre les mains de tels articles que je ne pourrais pas les lire sans sentir la rougeur me monter au front.

L'année dernière, j'attaquais dans cette même salle un faussaire pour avoir fabriqué un testament. Ce testament, il avait été validé par une cour de province. Le jury ne s'en est point embarrassé et il a condamné le faussaire. — Il vous appartient dans votre pleine indépendance de vous décider sur les preuves qui vous sont apportées et sans tenir compte d'autres opinions. Je laisse donc de côté l'arrêt que j'ai le droit de considérer comme une erreur judiciaire, et j'arrive à M. Baïhaut.

Je viens de vous montrer qu'en 1886, au moment où M. Rousseau revenait de Paris, tout paraissait concourir au succès de l'entreprise: une bonne volonté générale, une conviction universelle, les pouvoirs publics rassurés, des intérêts considérables en jeu; en un mot, le succès du projet présenté par M. Demôle ne semblait douteux à personne, lorsque tout à coup M. Charles de Lesseps se trouva en face des exigences de M. Baïhaut.

Je ne dirais rien de ces circonstances douloureuses, puisque les faits sont avoués, s'il ne fallait éclaircir un point important et, du même coup, réfuter la thèse du ministère public.

Le 24 décembre 1892, M. Ch. de Lesseps, dans un premier interrogatoire, fait connaître à M. le juge d'instruction la façon dont les choses se sont passées avec M. Baïhaut. Le 26 décembre, dans un second interrogatoire, M. de Lesseps les répète dans les mêmes termes. M. Fontane, à ce moment, est au secret, les deux amis ne communiquent pas : M. Fontane est interrogé et les faits confirmés dans les mêmes termes. On appelle M. Blondin, qui est en liberté, qui ne sait pas ce qu'ont dit MM. Fontane et de Lesseps. M. Blondin confirme aussitôt le récit de M. de Lesseps et de M. Fontane.

Ainsi trois témoins qui ne pouvaient point s'être entendus ni concertés, disaient, séparément, exactement les mêmes choses à M. le juge d'instruction. Le doute n'était pas possible. Mais le juge d'instruction disait à M. de Lesseps : « Pourriez-vous préciser bien nettement pourquoi vous avez donné une somme de 375.000 francs lorsqu'on vous a demandé un million ? » et M. de Lesseps de répondre : « Je me rappelle parfaitement qu'à ce moment j'ai marchandé, parce qu'en face de cette exigence abominable, j'essayais de payer le moins cher possible. Nous avons fait à ce moment plusieurs calculs, il y a eu un débat sur ce point-là ; je ne me rappelle pas exactement les chiffres ; si vous voulez me permettre d'adresser une lettre à ma femme, je vais vous indiquer tout de suite où l'on trouvera un petit chiffon de papier qui fixera mes souvenirs. »

Ainsi, de la même façon que je vous montrais tout à

l'heure le ministère public se servir contre M. de Lesseps d'une déclaration très nette sur laquelle il n'est jamais revenu et qu'il croit innocente, de la même façon vous entendrez tout à l'heure M. l'Avocat général essayer de tourner contre lui cette feuille de papier à l'aide de laquelle, de lui-même, de son plein gré, M. Ch. de Lesseps a voulu démontrer à M. le juge d'instruction sa parfaite véracité. C'est à l'aide de cette note en effet que M. de Lesseps a pu dire à M. le juge d'instruction : « C'est en effet une somme de 375.000 francs qui a été payée en deux chèques : un chèque de 250.000 francs et un chèque de 25.000 francs, aux dates que je vous indique. » Comme vous le voyez, c'est M. de Lesseps lui-même qui a déclaré le fait et qui aide le juge d'instruction à en faire la preuve.

Maintenant j'imagine que le jury, comme tout homme de bon sens, veut savoir si oui ou non l'exigence a été la condition *sine qua non* du dépôt du projet, si M. Ch. de Lesseps a pu s'y soustraire, car il est bien clair que si l'exigence a été absolue, s'il n'y avait pas moyen d'y échapper, si, en refusant de subir cette exigence, on compromettait à l'instant le sort de la Compagnie, à quel homme de bon sens ferez-vous admettre qu'il y a ici la complicité d'un crime ? c'est donc là ce qu'il faut chercher ; M. l'Avocat général avait ses raisons pour ne pas s'en préoccuper.

Je vais placer l'un à côté de l'autre le récit de M. Ch. de Lesseps et le récit de M. Baïhaut, vous allez voir qu'ils sont identiques.

D. — M. l'ingénieur Rousseau est rentré à Paris, venant de Panama. Son rapport paraissait favorable ; il a été remis à M. le ministre des travaux publics qui était, à cette époque, M. Baïhaut. N'avez-vous pas été en rapport avec M. Baïhaut ?

R. — Oui.

D. — On attendait le dépôt immédiat du projet de loi, et vous avez été faire visite au ministre des travaux publics. Quelles ont été vos relations avec lui ?

R. — Je ne connaissais pas M. Baïhaut avant de lui avoir fait les deux visites dont je parlerai, visites de la nature de celles dans lesquelles on vient de parler d'une affaire importante avec le ministre des travaux publics.

D. — Sur ces entrefaites, Fontane ne vous a-t-il pas dit qu'il avait reçu une certaine visite d'un sieur Blondin ? Comment Fontane vous a-t-il parlé de cette visite ? car il vous en a rendu compte. Que vous a-t-il dit pour vous faire connaître l'objet de cette visite ?

R. — M. Fontane est venu me dire ceci : J'ai reçu dans mon bureau la visite d'un monsieur qui est l'ami du ministre des travaux publics, M. Baïhaut ; il est venu m'apprendre que le ministre serait disposé à présenter le projet de loi qu'il était chargé de préparer pour le Conseil des ministres, mais qu'il avait quelques hésitations. Le ministre estime qu'il ne peut préparer ce projet de loi s'il n'est pas mis à sa disposition certaines sommes pour dépenses de publicité.

J'avais, bien entendu, dire que ces choses-là arrivaient et qu'on demandait à des particuliers des services gouvernementaux.

J'avais entendu dire que les choses se passaient ainsi ; je ne parlais pas du gouvernement, mais des ministres. J'avais entendu dire, je le répète, qu'ils acceptaient quelquefois qu'on vînt à leur aide pour couvrir certaines dépenses. C'étaient des fonds secrets.

Par conséquent, quand M. Fontane nous fit part de cette demande, elle concordait bien avec l'ordre d'idées dont j'avais entendu parler, mais je n'y croyais pas et, n'y croyant pas — vous voyez combien j'étais peu initié — je répondis à M. Fontane :

« Ce monsieur, je ne le connais pas — ce n'est donc pas une injure de répéter ce que je vais dire — peut-être est-ce un ministre qui veut abuser de son amitié pour demander quelque chose, car je ne veux pas croire qu'un représentant du gouvernement s'adresse à une Compagnie, même pour couvrir des dépenses d'utilité publique. Veuillez mettre ce monsieur à la porte... Il est possible qu'il veuille profiter de cette situation d'ami du ministre pour mettre de l'argent dans sa poche. Mettez-le à la porte. »

C'est là ce que tout à l'heure M. l'Avocat général va appeler un pacte !

Entre temps M. Fontane m'avait dit que ce monsieur se disait tellement certain de ce qu'il avançait qu'il offrait de me donner une preuve de sa mission. Je sais que M. Fontane, pas plus que M. Baïhaut du reste, n'a gardé le souvenir de ces faits, mais j'affirme que les choses se sont passées ainsi : M. Fontane me dit : « Vous allez recevoir une convocation pour aller chez le ministre, et là, si vous vous êtes mis d'accord avec le visiteur en question, le ministre vous tiendra un langage favorable. Si, au contraire, vous ne vous êtes pas mis d'accord avec lui, son langage sera dilatoire. »

Je fis encore cette remarque à M. Fontane : Ce sont là des procédés employés pour essayer de mettre de l'argent dans sa poche.

Mais je reçus une convocation du ministre à laquelle je me rendis, et j'entendis le langage qui m'avait été annoncé. Je fus ébouriffé et je reconnus que les on-dit avaient une vraisemblance.

Écoutons maintenant M. Baïhaut :

M. Rousseau revint d'Amérique, il rédigea son rapport à la date du 30 avril 1886, et tout naturellement, dès le 1er mai, en ma qualité de ministre des travaux publics, je fus, d'accord avec mes collègues, saisi de ce rapport, chargé d'en prendre connaissance et de donner mon avis au conseil des ministres, au point de vue technique, sur la demande d'un emprunt à lots. Le 7 mai, je reçus dans mon cabinet la visite de M. Charles de Lesseps. Je ne lui dissimulai point que le gouvernement ne donnerait aucune réponse, tant qu'il n'aurait point obtenu les justifications indispensables. Deux ou trois jours après, vers le 10 mai, j'ai reçu chez moi la visite de M. Blondin.

Cela est affaire entre M. Blondin et M. Baïhaut, cela ne regarde pas M. de Lesseps. M. Baïhaut prétend que l'indication venait de M. Blondin, M. Blondin dit le contraire, ils régleront cela entre eux.

M. Blondin était un homme d'affaires; j'étais, moi, un homme public jusque-là sans reproche. J'écartai cette idée, ce fut le premier mouvement instinctif de ma vraie nature; je poursuivis, sans aucune-arrière pensée personnelle, l'étude de l'entreprise de Panama. J'étais l'ami du nouveau directeur des travaux dans l'isthme, M. l'ingénieur Boyer; je le savais propre aux plus difficiles missions, sa présence dans l'isthme constituait la meilleure des garanties.

Je l'avais vu partir au mois de janvier, plein de confiance dans le succès, et je savais qu'il préparait déjà des simplifications profondes à introduire dans les plans primitifs. Dans son rapport, M. Rousseau rendait hommage à l'effort déjà réalisé.

On venait de renoncer aux petites entreprises; on avait confié le travail à six grandes entreprises paraissant offrir de sérieuses garanties, et c'est pour deux seulement d'entre elles que M. Rousseau formulait certaines réserves, quant aux conditions de délais ou d'argent à stipuler dans les contrats, réserves, d'ailleurs, qui pouvaient être annihilées par des modifications introduites dans le projet primitif. Dans ses conclusions, M. Rousseau déclarait le percement de l'isthme une œuvre possible, conduite déjà à un point où on ne pouvait l'abandonner, méritant (la phrase est textuelle) la bienveillante sollicitude des pouvoirs publics.

Tout en faisant une allusion discrète à une solution plus économique que le canal à niveau, M. Rousseau indiquait très nettement que le gouvernement, à aucun prix, ne devait donner de conseils à la Compagnie de Panama, mais il attirait son attention sur l'existence d'un comité consultatif supérieur siégeant auprès de la Compagnie et auquel, suivant lui, il serait bon d'adresser une question précise sur l'état de l'affaire.

C'est sur ce terrain des conclusions du rapport de M. Rousseau que je me suis placé. Par deux lettres officielles des 14 et 18 mai 1886, écrites d'accord avec le conseil des ministres, j'ai mis la Compagnie en demeure de fournir cet avis du comité consultatif, subordonnant toute réponse relative à l'emprunt à lots à la réception de cet avis.

L'avis me fut remis, il était favorable. Il porte la date du 21 mai 1886 et était revêtu des signatures d'un vice-amiral et de cinq ou six inspecteurs généraux des ponts et chaussées et des mines, les plus autorisés.

C'est le rapport auquel j'ai fait tout à l'heure un très rapide emprunt, et puis, écoutez comment M. Baïhaut va lui-même résumer la situation et bien indiquer que la Compagnie ne pactisait point avec lui pour obtenir de lui un acte injuste, mais qu'elle subissait l'exigence qu'il mettait à l'accomplissement d'un acte juste, car il est capital pour M. de Lesseps d'établir qu'il n'a pas acheté un concours qu'on devait lui refuser, mais qu'il a été réduit à la nécessité de payer un concours que la justice obligerait de lui accorder. Et c'est là en effet ce que M. Baïhaut va déclarer :

Quelle était dès lors la situation? Trois solutions apparaissaient. La première consistait à repousser la demande de la Compagnie. C'était ruiner les porteurs de titres, c'était tuer l'affaire, car c'était par elle la condamner au point de vue technique. Le rapport de M. Rousseau et l'avis du comité consultatif n'en donnaient certainement pas le droit. La seconde solution consistait à présenter le projet de loi, mais en subordonnant son dépôt à l'adoption préalable par la Compagnie du canal à écluses. Certes, j'étais partisan de l'adoption de ce système économique, mais c'eût été entraîner le gouvernement dans la voie de toutes les responsabilités de l'avenir. M. Rousseau déconseillait absolument au ministère d'entrer dans une pareille voie.

Restait donc la troisième solution qui consistait à présenter le projet de loi purement et simplement, c'est-à-dire à faire le Parlement juge, avec l'espoir que la Compagnie accepterait d'elle-même la solution par les écluses, qui d'ailleurs lui était conseillée de toutes parts.

Je déclarai donc au conseil des ministres que les documents qui m'avaient été fournis ne me permettaient pas de condamner l'entreprise de Panama au point de vue technique, — il s'agissait, en somme, d'accorder une exception à la loi sur les loteries... que la République pouvait bien faire pour Panama ce que l'Empire, avec tant de raison et de succès, avait fait pour Suez. Cela me paraissait meilleur que de repousser la demande de la Compagnie, mais à une double condition, savoir que la Chambre serait saisie des documents techniques dont nous avions pris connaissance, le rapport de M. Rousseau et l'avis du comité, et d'autre part que l'exposé des motifs dégagerait autant que possible la responsabilité gouvenementale.

Mon avis eut l'assentiment du conseil des ministres. L'exposé des motifs fut rédigé par moi avec le plus grand soin. Il fut revu par M. de Freycinet, qui avait le plus vif désir de voir réussir l'œuvre de Panama. Le projet, portant la signature des ministres compétents, fut déposé sur le bureau de la Chambre à la date du 17 juin. J'ajoute que, le 10 juillet, il fut retiré par décret sur la demande de M. Ferdinand de Lesseps...

... En prenant cette attitude, j'ai fait un acte réfléchi, je crois avoir fait un acte louable, utile à la fois aux porteurs de titres et à l'intérêt national. Dans les mêmes conditions, j'agirais de même aujourd'hui. Je demeure convaincu que si, dès 1886, au lieu d'attendre deux ans de plus, le Parlement avait voté la loi et que la Compagnie eût adopté les écluses, l'œuvre du Panama eût été sauvée.

Il n'y a point à revenir sur ces déclarations catégoriques de M. Baïhaut confirmées par tous les documents du procès. Ainsi, quand vous délibérerez ce point si grave, ne perdez pas de vue un seul instant la base même de mon raisonnement. On ne pouvait pas, à moins d'être un ennemi public, refuser à la Compagnie de déposer le projet de loi; l'intérêt des porteurs, l'intérêt de la France elle-même, l'avis de M. Rousseau, celui de tous les ingénieurs, les précédents de l'affaire, tout imposait au ministère et à la Chambre le devoir d'accorder à la Compagnie ce qu'elle demandait; par conséquent elle ne devait avoir aucun sacrifice d'argent à faire pour l'obtenir. Elle n'en aurait point eu si à ce moment, précisément, elle ne s'était trouvée en face de l'exigence de M. Baïhaut.

Est-ce qu'il y a une équivoque là-dessus? Vous avez entendu la déclaration précise de M. Baïhaut, non contredite par M. l'Avocat général. Il se rejette sur d'autres circonstances que j'aurai à examiner tout à l'heure. M. Baïhaut a exigé que la somme de 1 million lui fut payée, sans cela, pas de projet de loi. Oui ou non, cela constitue-t-il une extorsion?

Il y a entre les déclarations de M. Baïhaut, celles de M. Blondin et celles de M. de Lesseps une différence sur un point particulier, mais qui, à mon sens, est sans intérêt pour la défense de mon client; ce détail a au contraire un intérêt capital pour la défense de M. Blondin. M. de Lesseps a dit que, lorsque cette exigence avait été formulée, elle l'était dans de tels termes qu'il avait dû comprendre que cela était demandé pour des besoins gouvernementaux. M. Blondin raconte les choses de la même façon, car il est allé jusqu'à dire qu'il avait été très honoré de la commission dont il s'était chargé. M. Baïhaut dit au contraire qu'il a sans détour demandé l'argent pour lui.

On a ressenti une sorte de surprise douloureuse, en entendant M. Baïhaut accroître ainsi, comme à plaisir, la criminalité de son acte et l'on ne s'est pas rendu compte de son dessein. Il veut se venger de Blondin et il croit nuire à M. de Lesseps et servir du même coup les desseins à peine déguisés du ministère public. Mais il se trompe, comme nous allons le voir dans un instant.

Écoutez cette confrontation émouvante de M. de Lesseps, de M. Fontane et de M. Blondin :

La démarche faite par M. Fontane chez M. Blondin pour recevoir de votre bouche la confirmation de la mission de M. Blondin est attestée et par M. de Lesseps, et par M. Fontane, et par M. Blondin. A cet égard, il y a une unanimité d'affirmations, c'est donc la confirmation donnée par vous à la mission de M. Blondin qui a déterminé la Compagnie de Panama à remettre 375.000 francs à M. Blondin. MM. de Lesseps et Fontane ne savent pas ce qu'est devenue cette somme après l'encaissement fait par M. Blondin. M. Blondin affirme qu'il vous a remis ces 375.000 francs ; mais en acceptant même l'hypothèse, qui paraît impossible à admettre, que M. Blondin ne vous aurait pas remis cette somme, les faits ne changeraient pas de nature, puisque c'est votre intervention personnelle, comme ministre des travaux publics, confirmant à M. Fontane chez M. Blondin la mission remplie par M. Blondin, qui a déterminé la Compagnie de Panama à remettre 375.000 francs à M. Blondin.

Telle est la question posée par M. le juge d'instruction. Voici la réponse :

J'ai écouté avec la plus grande attention le développement donné par M. le juge d'instruction à sa question. J'éprouve une impression très profonde, très pénible, très douloureuse, en voyant qu'il paraît considérés comme établis les faits dont nous nous sommes entretenus.

Je renouvelle formellement mon démenti : je n'ai chargé M. Blondin d'aucune mission, je n'ai pas rencontré chez lui M. Fontane. Je n'ai reçu aucune somme, je n'ai rien à ajouter.

M. de Lesseps prend la parole : « Je n'ai rien à ajouter à mes diverses déclarations, je vois que M. Blondin persiste aussi à déclarer qu'il a été l'agent d'un acte gouvernemental. Je le crois aussi, ou du moins il s'agissait d'une somme d'argent que M. Baïhaut jugeait utile pour la défense du projet de loi; mais la persistance de M. Baïhaut à contester des faits, dont la réalité est pour moi ultra-évidente, me confirme dans l'opinion que son attitude m'a inspirée l'autre jour, à savoir que l'argent de la Compagnie de Panama a passé, par l'entremise de M. Blondin, de la caisse de la Compagnie dans la poche de M. Baïhaut, ministre des travaux publics. »

M. BAIHAUT. — Je ne veux répondre qu'un mot : bien résolu à rester calme, je ne relèverai pas les déclarations qui viennent d'être dites. Je me borne à confirmer mes déclarations.

Vous saisissez ainsi, dans ce récit dramatique, le moment précis où M. de Lesseps a reconnu l'erreur dans laquelle il était tombé sur la destination des fonds.

Mais permettez-moi de vous dire que l'extorsion est d'autant plus impérieuse qu'elle est plus criminelle. Avec un ministre qui cacherait ses exigences sous des dehors d'honnête apparence, la discussion est possible; mais avec quelqu'un qui vient vous dire crûment : Donnez-moi un million ou vous n'aurez rien, il est clair que toute discussion est impossible, par la raison bien simple qu'une telle exigence suppose une volonté si arrêtée d'accomplir un acte criminel, qu'il serait absolument puéril d'essayer de discuter avec celui qui l'impose en vous la signifiant.

Aussi, qu'a fait M. de Lesseps? Il a marchandé, dit M. l'Avocat général... et on le lui reproche et on lui dit : Si vous aviez payé un million, nous ne dirions rien; mais vous avez voulu payer le moins cher possible, vous avez discuté, vous avez dit : Si le projet de loi n'est pas voté... si l'émission n'est pas faite... je ne veux pas payer d'avance... On vous a répondu : Si, il faut payer une partie d'avance. — Quelle partie? La moindre partie possible, a répondu M. Ch. de Lesseps. Et pour avoir ainsi défendu les intérêts de sa caisse menacée, pour avoir obtenu qu'il ne verserait d'abord que 375.000 francs, ce qui a réduit la perte à cette somme, M. l'Avocat général estime que le fait est plus criminel. J'avoue, quant à moi, qu'il m'est absolument impossible de comprendre le raisonnement du ministère public.

Je confesse, au surplus, ne pas comprendre davantage la longue explication que M. Baïhaut a cru devoir vous donner. Hélas ! il n'y a pas de faute, il n'y a pas même de crime qui n'ait au moins de précédent. En 1847, un ministre de la monarchie de Juillet comparut aussi, non pas devant la Cour d'assises, mais devant la Cour des Pairs sous le poids d'une semblable accusation, il se nommait M. Teste. Il niait comme M. Baïhaut le faisait à l'instruction. Puis à la fin, on produisit à l'audience le reçu même qu'il avait donné. L'audience fut à l'instant suspendue. M. Teste rentra dans l'appartement qu'on lui avait donné comme prison. Il réunit près de lui ses conseils et ses parents. L'entretien fut grave. Demeuré seul, il essaya de se tuer, la balle glissa le long d'une côte et ne lui fit qu'une blessure légère. Mais le lendemain, au lieu de comparaître à l'audience, M. Teste adressait à M. le président de la Cour des Pairs la lettre suivante :

Monsieur le chancelier,

Les incidents de l'audience d'hier ne laissent plus de place à la contradiction en ce qui me concerne, et je considère à mon égard le débat comme consommé et clos définitivement. J'accepte d'avance tout ce qui sera fait à la Cour en mon absence. Elle ne voudra sans doute pas, pour obtenir une présence désormais inutile à l'action de la justice et à la manifestation de la vérité, prescrire contre moi des voies de contrainte personnelle, ni triompher par la force d'une résistance désespérée. Je la prie aussi d'être convaincue que cette résolution, irrévocable de ma part, se concilie dans mon cœur avec mon profond respect pour le caractère et l'autorité de mes juges.

J'ai l'honneur d'être, monsieur le chancelier, votre très humble et très obéissant serviteur.

Signé : J.-B. TESTE.

M. Teste fut condamné ; il ne pouvait pas ne pas l'être ; mais du moins, par cette attitude, il demeura digne de pitié.

M. Baïhaut a voulu autre chose. Il a voulu apporter ici des déclarations solennelles. Sur le point où elles sont en contradiction avec les récits de M. de Lesseps, je viens de vous montrer tout à l'heure que, bien loin de nuire à ma cause, elles rendaient ma défense plus facile. Pour le surplus, nous sommes d'accord. Sur le point essentiel, j'ai sa propre déclaration : il lui était impossible, s'il avait été honnête, de ne pas présenter le projet de loi de la Compagnie, il n'y avait aucune prière à lui adresser, aucune faveur à obtenir de lui. L'exigence a donc été pure et simple, elle a été absolue, elle s'est présentée sous le caractère le plus énergique et le plus criminel, et par conséquent je demande comment il serait possible d'admettre que M. Charles de Lesseps fût condamné comme le complice de M. Baïhaut.

Cependant voici la formule de l'accusation :

Fontane informa de Lesseps le soir même où la convocation annoncée était remise. Le lendemain Baïhaut tenait le langage dilatoire...

Vous savez que c'était en quelque sorte le mot de

passe qu'on avait donné à M. Blondin pour l'accréditer auprès de M. de Lesseps.

M. de Lesseps était convaincu — il ne pouvait pas ne pas l'être — il fit demander Blondin par Fontane... Baïhaut vint et le pacte fut aussitôt conclu.

Expression admirable, et destinée à une belle fortune judiciaire : le pacte fut conclu! Personne ne parle mieux que M. l'Avocat général, quand il le veut, la langue du droit. Pourquoi donc ne dit-il pas : le contrat? c'est là ce qu'il faudrait dire. Mais la langue du droit a une précision qui effraie M. l'Avocat général : le contrat suppose une volonté libre, parce que si la volonté n'est pas libre, il n'y a pas le contrat; alors il emprunte à une langue un peu flottante, un peu vague, un peu incertaine, il emprunte une expression différente, il dit : il y a un pacte.

Ainsi, si par hasard les gendarmes se mettaient à détrousser les voyageurs, et si ceux-ci leur livraient ou toute leur bourse, ou après avoir marchandé, une partie de leur bourse, on dirait qu'il est intervenu un pacte entre le voyageur détroussé et le gendarme, on dirait au voyageur : Vous avez donné votre argent, mais vous l'avez donné volontairement, on ne vous a pas mis le sabre sur la gorge, par conséquent il n'y a pas eu de contrainte.

Allons, Messieurs, cette discussion est-elle digne de vous ? Il n'y a de consentement que lorsque la volonté a été libre, et il est clair qu'elle ne l'est pas lorsque le consentement est donné sous l'empire d'une pression morale irrésistible.

Quels termes emploie la loi pénale? Car, chargés de l'appliquer, vous devez la connaître et la comprendre.

Art. 117. Tout fonctionnaire public de l'ordre administratif ou judiciaire, tout agent ou préposé d'une administration publique qui aura agréé des offres ou promesses, ou reçu des dons ou présents pour faire un acte de sa fonction ou de son emploi même juste...

Arrêtez-vous à ces mots : *qui aura agréé des dons ou promesses*. Puis l'article 179 :

Quiconque aura contraint ou tenté de contraindre par voies de faits ou menaces, corrompu ou tenté de corrompre par promesses, offres, dons ou présents à un fonctionnaire, etc...

Quel sens ont ces expressions de la loi ? Si j'avais l'occasion d'écrire à M. l'Avocat général, je terminerais ma lettre par une formule à peu près ainsi conçue : *Agréez, Monsieur l'Avocat général, l'assurance de mon profond respect*. J'emploierais donc les termes que vous trouvez dans l'article 117. Pourquoi me servirais-je de cette expression ? Parce que *j'offrirais* à Monsieur l'Avocat général l'assurance de mon profond respect. Quiconque a *agréé* reconnaît qu'on lui a *offert*, celui qui a *agréé* n'agrée que ce qu'on lui offre. L'article 179 est tout aussi formel. C'est l'initiative qui en ce cas est criminelle.

Qu'est-ce donc que le crime de corruption ? Il est bien inutile de chercher des définitions plus ou moins vagues, plus ou moins incertaines ; ce sera, si vous le voulez, la séduction exercée sur des fonctionnaires. Eh bien ! si un homme riche, par ses présents, a entraîné au libertinage une pauvre fille malheureuse, direz-vous, quoiqu'en réalité il y ait consentement, argent donné et reçu, qu'il y a là deux coupables ? Non, Messieurs, vous diriez qu'il y a un coupable et une victime ; c'est l'initiative qui fait ici le crime, à condition que l'exigence soit telle que tout honnête homme ait été dans la nécessité de la subir.

M. l'Avocat général l'a bien senti. Que vouliez-vous donc que fît M. de Lesseps? Vous nous l'avez indiqué hier, mais vous ne vous êtes pas appesanti sur les conséquences des diverses hypothèses que vous avez envisagées. Vous dites : Il aurait dû refuser... Entendons-nous bien, Messieurs, rappelez-vous cette parole que je ne craindrai pas de vous redire :

« Si j'avais rencontré un ministre assez misérable pour exiger une somme d'argent pour accomplir un acte de sa fonction, et si le sort de la Compagnie en eût dépendu, j'aurais subi cette exigence. » Mettez la main sur votre cœur, et demandez-vous si un homme qui a derrière lui 550 millions engagés dans une entreprise, avec la certitude que si le projet de loi proposé est voté, l'entreprise sera menée à bonne fin, tandis que sans cela l'entreprise est, comme l'a dit M. Baïhaut lui-même, condamnée à périr, irrémédiablement perdue, demandez-vous s'il lui était possible de suivre la ligne de conduite que lui traçait M. l'Avocat général.

M. l'Avocat général lui en proposait une autre; il lui disait qu'il devait dénoncer Baïhaut... le dénoncer, à qui? à la presse? mais vous oubliez donc, que le crime commis, l'argent encaissé, placé au Comptoir d'escompte avec la quasi certitude que le crime serait découvert, M. Baïhaut a nié dans trois interrogatoires successifs! Vous oubliez donc que, le crime commis, il a fait condamner un journaliste de la Haute-Saône pour diffamations et injures. Par conséquent, de ce côté nous pouvons être tranquilles; si M. de Lesseps s'en était allé porter à un journal cette accusation que M. le ministre des travaux publics lui avait demandé un million, M. Baïhaut aurait nié avec bien plus de facilité qu'il ne pouvait le faire après le crime commis et l'argent encaissé.

M. de Lesseps aurait été traité comme un calomniateur et la Compagnie était perdue.

Le dénoncer au procureur de la République? Mais je vois d'ici, Messieurs, le visage pâle et défait de cet honorable magistrat, je le vois courir chez le garde des sceaux, et je vois au bout de tout cela que le projet de loi n'aurait point été proposé, et, comme vous le disait avec raison M. de Lesseps : « En attendant, on est mort. » Or la Compagnie ne voulait pas mourir et ceux qui la dirigeaient et qui avaient de pareils intérêts entre les mains ont cru et ont dû croire qu'ils avaient le redoutable devoir de tout faire pour la sauver,

M. l'Avocat général insiste et vous dit : C'était là la seule conduite que l'honneur commandait. M. l'Avocat général se trompe. Est-ce que M. Charles de Lesseps était d'avance et par ses antécédents disposé le moins du monde à subir cette sorte de pression et à entrer dans la voie d'achats de fonctionnaires? Un de mes honorables confrères vous a lu la lettre admirable que dès 1881 M. Ch. de Lesseps avait adressée au représentant de la Compagnie dans l'isthme de Panama ; celui-ci écrivait : « Un tel pourra nous être utile, mais il sera cher. » M. Ch. de Lesseps lui répond : « Quant à ce que vous me dites là, je ne veux pas le comprendre. S'il s'agit d'accorder aux gouvernements étrangers des facilités de communication ou autres, nous vous soutiendrons; s'il s'agit d'acheter des fonctionnaires, je n'entrerai jamais dans cette voie, car une fois qu'on a commencé, il est impossible de s'arrêter. »

Et il ajoute :

« Suez a été fait sans qu'un sou fût donné à personne, dans un pays où ce qu'on appelle la corruption est d'usage constant; Panama sera fait de même ou il ne le sera pas. »

Voilà les dispositions dans lesquelles cet homme a abordé l'entreprise de Panama, et vous comprenez l'effroi qu'il a éprouvé la première fois qu'il s'est trouvé en face d'exigences dont il n'avait pas même l'idée. Par conséquent, vous ne pouvez pas dire que sa nature, ses habitudes d'esprit ou de conduite, le portaient à accueillir trop facilement l'exigence de M. le ministre Baïhaut. — Non. Elle a soulevé dans son cœur une répulsion effroyable, mais il s'est dit qu'il y allait du salut de la Compagnie de Panama, et alors, prenant une de ces résolutions terribles, en face desquelles les hommes qui dirigent de grandes affaires peuvent quelquefois être placés, il a choisi entre sa sécurité et l'intérêt de la Compagnie qui lui était confiée. C'est à vous, Messieurs, qu'il appartient de dire s'il a été criminel en subissant cette effroyable extorsion,

Tenez, Monsieur l'Avocat général, le XIXe siècle n'est pas le premier qui ait souffert de la corruption des hommes publics. L'Angleterre l'a connue au XVIIIe siècle, sous le ministère de Robert Walpole; et voici comment le premier historien de l'Angleterre juge la conduite de ce ministre qu'on a tant accusé de corrompre tout le Parlement :

Le vice était dans la constitution de la législature, et c'est une grossière injustice de blâmer des ministres qui, pour agir sur la législature, avaient recours au seul moyen qu'ils eussent d'agir sur elle. Ils se soumettaient à cette extorsion, parce qu'ils ne pouvaient faire autrement. On pourrait tout aussi bien accuser les pauvres fermiers des lowlands d'Ecosse qui payaient tribut à Rob-Roy de corrompre la vertu des montagnards, que sir Robert Walpole de corrompre la vertu du Parlement.

Je n'imagine pas que M. l'Avocat général ait la prétention d'avoir une moralité supérieure à celle de lord Macaulay.

Voilà ce que j'avais à vous dire du fait Baïhaut, et quand on vous posera cette question : M. de Lesseps est-il coupable, comme complice de M. Baïhaut, d'avoir commis une corruption? vous répondrez : Non, avec le plus vulgaire bon sens et la plus simple équité.

M. Baïhaut déposa donc le projet de loi, une commission fut nommée; à propos de cette commission, M. l'Avocat général a parlé de M. Germain Casse. J'y reviendrai tout à l'heure en plaçant sons vos yeux une partie de la déposition de M. Andrieux; ce qu'il me suffit pour l'instant de vous faire connaître, c'est que, malgré les demandes de M. de Lesseps, malgré les observations si judicieuses présentées à ses collègues par M. Andrieux, la commission décida d'ajourner le vote du projet jusqu'après les grandes vacances. M. Ferdinand de Lesseps, qui, vous le savez, est d'un caractère vif et emporté, écrivit une lettre fort rude à M. Germain Casse pour lui faire connaître qu'en face d'un atermoiement désastreux pour les intérêts dont il avait la charge, il demandait le retrait du projet.

Vous voyez déjà combien une telle lettre est en contradiction avec l'hypothèse d'une corruption tentée sur M. Germain Casse. Mais nous y reviendrons.

Nous franchissons maintenant d'un seul bond un espace de deux années, et nous arrivons à l'année 1888.

Quel est à ce moment l'état de la Compagnie? car, entendez-le bien, la raison des résolutions des administrateurs, la justification de leurs actes se trouvent précisément dans l'état de leur entreprise. A ce moment, la Compagnie avait largement avancé son œuvre, mais comme le crédit était resserré et qu'elle était obligée de payer des intérêts élevés aux obligataires, car ne l'oubliez pas...

Voulez-vous me permettre ici une parenthèse qui sera d'un mot, mais je me souviens que j'ai oublié de répondre à l'une des observations de M. l'Avocat général hier. Il vous a dit : Il y a là 1.400 millions perdus. Entendons-nous ! Quand M. l'avocat général voudra entrer avec moi dans cette discussion de chiffres, je lui montrerai d'abord qu'il n'a été versé que 1 milliard 260 millions, ensuite je lui montrerai qu'il faut en déduire la somme de 253 millions qui a été, au cours de l'entreprise, rendue aux obligataires et aux actionnaires sous forme d'intérêts ; ensuite il faut en déduire la somme de 100 millions, moyennant laquelle ont été acquises les actions du Panama Raiload, et enfin il faut en déduire la valeur immense des travaux réalisés dans l'isthme, laquelle a été évaluée par la commission d'enquête envoyée par le liquidateur, valeur de liquidation, c'est-à-dire avec une réduction d'au moins 30 0/0, à la somme de 450 millions, ce qui porterait à 600 millions au moins la valeur que représente l'actif créé dans l'isthme par la Compagnie.

Je tenais, sous forme de parenthèse, à réparer un oubli, peut-être imprudent, que j'avais fait et à vous montrer combien il faut en rabattre de ce milliard et demi qui aurait été perdu. Revenons maintenant à ce que j'avais l'honneur de vous dire. En 1888, la Compagnie avait largement avancé son œuvre, mais le crédit était difficile, elle s'adressa de nouveau aux pouvoirs publics en leur demandant ce qui ne lui avait point été accordé deux ans auparavant, la faveur d'émettre des obligations à lots.

Ce projet de loi était dû à l'initiative parlementaire, voici pourquoi : sur tous les points de la France, les obligataires de Panama s'agitaient pour mettre en mouvement leurs députés. Tous les membres de la commission que vous avez entendus, M. Félix Faure, M. Salis, vous ont dit qu'en effet ils recevaient de toutes parts des lettres qui les suppliaient d'intervenir pour qu'on accordât à la Compagnie l'autorisation d'émettre des obligations à lots. L'état de l'entreprise va nous être révélé par un passage du rapport de M. Bozérian, homme honorable, intègre, absolument étranger à la Société de Panama, et rapporteur de la loi devant le Sénat.

Deux nouvelles années de courageux efforts ont augmenté les titres de la Compagnie à cette bienveillance.

Lui refuser l'autorisation qu'elle sollicite serait compromettre de la façon la plus grave la situation de l'entreprise et celle des 400.000 actionnaires et obligataires qui lui ont versé leur argent. Or, cet argent est, sauf une fraction insignifiante, de l'argent français, et l'épargne qui l'a fourni est la plus intéressante, c'est la petite.

Ainsi le même intérêt qui aurait dû porter les pouvoirs publics, s'ils avaient été plus fermes, à ne pas refuser à la Compagnie, en 1886, l'autorisation qu'elle avait sollicitée, les sollicitait de la leur accorder en 1888.

J'ai voulu montrer en outre que la Compagnie était en état d'achever son œuvre avec les 600 millions qu'elle demandait et qui, vous le savez, n'ont pas été souscrits.

Pour cela je vous ai fait entendre M. Dingler et M. Hutin qui ont été l'un et l'autre, en qualité d'ingénieurs en chef, au service de la Compagnie. Ils vous ont dit que M. de Lesseps avait réuni autour de lui les entrepreneurs, les avait suppliés de ne prendre que les engagements qu'ils pourraient remplir, et avait basé tout son projet sur leurs déclarations.

Vous savez qu'on avait abandonné l'idée du canal à niveau pour le canal à écluses.

Et qu'il ne reste pas un instant dans vos esprits, Messieurs les jurés, que ce canal à écluses devait être moins productif pour la Compagnie; on l'avait cru, et alors, devant la première chambre de la Cour, on a posé à M. l'ingénieur Rousseau cette question: Le trafic de 7 millions et demi de tonnes prévu à longueur pourra-t-il passer par le canal à écluses? l'ingénieur Rousseau a répondu, cela ne sera contesté par personne : Il en pourrait passer 20 millions de tonnes. Par conséquent le trafic n'était point diminué, le coût moins élevé, l'achèvement du travail plus rapide; la Compagnie s'était donc, après des études considérables, — vous comprenez qu'en pareille matière il en faut de semblables, — résolue à accepter le canal à écluses, pour l'exécution duquel elle demandait aux pouvoirs publics le droit d'émettre des obligations à lots jusqu'à concurrence de 600 millions, auxquels on ajoutait 156 millions qui étaient immédiatement placés en rentes sur l'État de façon à assurer, d'une manière absolue et en dehors de la Compagnie, le service de tous les lots et le remboursement intégral du capital; car il est bon que vous sachiez que les 253 millions qui ont été versés par les obligataires, par suite de l'émission de 1888, jouissent de cette situation absolument exceptionnelle qu'un dépôt de rentes sur l'État garantit à tous ces obligataires le paiement de tous les lots et le remboursement intégral de leurs obligations.

Telles étaient les lignes générales du projet.

J'ai voulu vous éclairer sur le caractère rigoureux de ces évaluations. M. Dingler vous a dit :

C'est sur mes propres projets que ces chiffres ont été arrêtés. Les contrats faits avec les entrepreneurs d'abord au point de vue du délai établissaient que tout devait être fini avant le 30 juillet 1890, ensuite au point de vue du prix, établissaient que moyennant la somme de 444 millions, le canal à écluses devait être fait. La différence entre 444 millions et 600 millions était représentée par les intérêts intercalaires que, pendant l'achèvement du canal, la Compagnie devait encore servir à tout son capital actions et obligations.

Vous m'avez bien compris, n'est-ce pas, Messieurs les jurés?

Venons maintenant à l'accusation.

Que nous dit-elle? elle nous dit : Pour faire voter ce projet par la commission d'abord, par la Chambre ensuite, vous avez corrompu *tout le monde*. C'est à dessein que je me sers de cette expression générale, car l'une des pièces sur lesquelles M. l'Avocat général a le plus insisté, c'est-à-dire la lettre du 24 juillet 1890, dit : J'ai payé *tout le monde... Tout le monde*, dit M. l'Avocat général, mais voilà le groupe des corrompus.

Il est bien entendu que M. l'Avocat général devra faire la preuve, qu'il ne suffira pas d'apporter des bruits de couloirs pour vous convaincre; qu'il devra désigner nettement ceux qui ont été corrompus, dans quelles circonstances ils l'ont été et il faut qu'il indique le rapport entre ces hommes dont il démontrera la corruption et M. Ch. de Lesseps, car en dehors de ce lien bien établi, il n'y aura pas de preuve; et si je ne me trompe, Messieurs, les décisions que votre jury a déjà rendues avant d'aborder cette longue affaire indiquent bien clairement qu'il y a dans vos esprits cette opinion arrêtée et absolument juste que c'est à l'accusation à fournir sa preuve, et que si elle ne la fournit pas, elle doit être repoussée.

Voyons donc les preuves fournies par M. l'Avocat général, et avant d'en venir à l'acte d'accusation, parlons de MM. Borie et Chantagrel.

M. Borie, qui n'a pas même été entendu dans l'instruction, nous a raconté qu'un nommé Blanchet avait tenté de le corrompre. Qui est Blanchet? je l'ignore. Où est Blanchet ? je l'ignore. Où pourrait-on retrouver Blanchet? je l'ignore ; telle est la réponse de M. Borie.

Alors M. Ch. de Lesseps de se lever et de s'écrier, — car un honnête homme est excusable de répondre vivement quand il est attaqué ainsi dans les parties les plus délicates de son honneur : — « Mais enfin, j'attends encore qu'on m'amène ici quelqu'un qui ose dire que je lui ai offert de l'argent ou que je l'ai chargé d'en offrir. »

Dans un temps où la délation est à l'ordre du jour, où la dénonciation et la calomnie sont pour tant de personnes un moyen d'existence, où elles n'attendent en quelque sorte que d'être comprises dans l'un des tableaux des patentes, est-ce trop exiger, au nom d'un accusé, que de demander qu'on lui produise le témoin qui seul, directement, pourrait l'accuser?

Quoi ! un homme inconnu que personne n'a vu, que personne ne peut retrouver, aurait dit à un député qu'on lui donnera de l'argent pour avoir son vote, et cela constituera, à la charge d'une autre personne qui ne se trouve pas même désignée dans le récit du témoin, une preuve de corruption ! Mais, Messieurs, ce serait vous faire injure que de l'admettre un instant et, j'ajoute que je suis bien d'accord là-dessus avec M. l'Avocat général, puisqu'il n'en parle pas dans l'acte d'accusation, qu'il n'en ait pas dit un mot dans son réquisitoire ; il n'a donc pas considéré ce commérage plus ou moins ridicule comme une preuve sérieuse. Passons.

Mais M. l'Avocat général s'est attaché davantage à la déposition de M. Chantagrel. Il vous a dit: Oh! lui, c'est un honnête homme, et nous ne pouvons pas douter un seul instant de la sincérité de sa déclaration. Examinons-la donc d'un peu près. D'abord, si M. l'Avocat général attache une importance véritable à la déclaration de M. Chantagrel, pourquoi n'a-t-il pas retenu le fait comme une tentative de corruption, puisque M. Chantagrel a déposé devant la commission d'enquête et qu'on l'a entendu dans l'instruction écrite?

De deux choses l'une: ou M. l'Avocat général considère ce fait comme une tentative de corruption, et il doit le poursuivre, ou, s'il ne le poursuit pas, c'est qu'il ne l'a pas considéré comme une tentative de corruption. Mais, alors, il ne lui est pas permis de changer de langage, d'attitude et d'appréciation à l'audience; il n'a pas le droit de reprendre sous forme de considérations des faits qu'il n'a pas même visés dans son acte d'accusation.

Que dit M. Chantagrel? Au mois de juin 1888, M. Souligou lui aurait offert 100.000 fr. de la part de M. de Lesseps pour avoir sa voix, et il l'aurait refusée ; on lui aurait dit alors: On ira jusqu'à 200.000, 300.000, peut-être même 500.000 francs. Voilà le propos ; tout cela, de la part de M. de Lesseps.

Naturellement, il fallait appeler M. Souligou pour contrôler les déclarations du témoin à un double point de vue : d'une part, pour savoir si M. Souligou avait été chargé d'une mission par M. de Lesseps ; d'autre part, s'il était vrai qu'il eût offert dans ces termes assez bizarres 100.000, 200.000, 300.000 ou 500.000 francs à M. Chantagrel. Il me semble que c'était l'acheter un peu cher, n'est-ce pas ? Cependant M. Souligou vient à l'audience et il donne à M. Chantagrel un démenti formel.

Cela suffirait incontestablement pour la défense ; on n'est pas en état d'établir que M. Souligou mérite moins de créance que M. Chantagrel ; tous deux sont d'honnêtes gens, aucun d'eux n'a été condamné ; tous deux ont fait le même serment, tous deux sont en désaccord sur un point matériel ; il est clair que lorsque l'affirmation d'un témoin est contredite par l'affirmation d'un autre témoin, aucun juré n'oserait prendre sur lui de faire un choix entre ces deux affirmations.

Ce n'est là qu'une première observation. Permettez-moi maintenant de vous dire qu'à bien regarder M. Chantagrel, il me semble qu'il est permis de douter de la parfaite sûreté de sa mémoire. Il nous a dit qu'il était horticulteur, et c'est peut-être cette profession qui lui a suggéré cette fameuse comparaison du fumier que M. l'Avocat général a reprise, qu'il me permette de le lui dire sans malice, à sa charge. (*Rires.*) Mais il a oublié de dire, M. Chantagrel, que, tout horticulteur qu'il fût, il demandait à être nommé conseiller d'État, ce qui n'a qu'un rapport assez éloigné avec l'horticulture (*Nouveaux rires*) ; j'ai là entre les mains la lettre qui l'établit. Si je rapproche ces bizarreries des allures mêmes de M. Chantagrel, de son âge qui, sans être extrêmement avancé, s'approche cependant de celui où commencent les défaillances de la mémoire, je suis porté à croire qu'il se souvient très confusément des choses, d'autant plus que lorsqu'on le presse sur les circonstances accessoires, il s'embarrasse visiblement.

Et vous me permettrez de vous rappeler ces détails qui n'ont échappé ni à votre attention, ni à votre souvenir. Il est naturel, n'est-ce pas? que lorsqu'on veut offrir 100.000, 200.000, 300.000 ou 500.000 francs à un député pour le corrompre, on aille chez lui ou qu'on le convoque dans un lieu écarté pour lui faire cette proposition ; aussi l'excellent M. Chantagrel n'avait pas manqué de dire devant la commission d'enquête : « M. Souligou est venu me faire visite et m'a offert cette somme... » Puis il a été obligé de reconnaître que M. Souligou ne lui avait pas fait de visite du tout, et que c'était dans un train de banlieue, en le rencontrant par hasard, à côté d'autres voyageurs, que M. Souligou lui aurait dit : « A propos, si vous voulez vendre votre vote, M. Ch. de Lesseps m'a chargé de vous offrir 100.000 francs... »

On m'accordera qu'une pareille proposition, une tentative aussi criminelle accomplie dans un wagon plein de voyageurs, cela n'est pas extrêmement vraisemblable. Mais il y a plus : après cette tentative, M. Chantagrel a-t-il considéré M. Souligou comme un malhonnête homme ?... « Pas le moins du monde, dit M. Chantagrel, je tiens M. Souligou pour un parfait honnête homme. » Alors, Messieurs, cela devient tout à fait extraordinaire.

Voilà M. Chantagrel qui repousse avec horreur la proposition qui lui est faite, il la considère, et à bon droit, comme une atteinte directe portée à son honnêteté, à sa conscience, et il est possible que celui qui prend l'initiative de cette atteinte, de cette attaque à la chasteté de M. Chantagrel (*Rires*) demeure pour lui un honnête homme... Allons donc ! cela est absurde. Si la proposition est malhonnête, elle ne peut venir que d'un malhonnête homme ; par conséquent, lorsqu'après avoir été l'objet d'une semblable proposition, on continue à vivre avec celui qui l'a faite dans les termes d'affectueuse cordialité que vous savez, permettez-moi de vous dire qu'il y a là une contradiction entre le langage et les actes faite pour inspirer des doutes sérieux sur le parfait état de l'intelligence du témoin. (*Rires.*)

Mais ce n'est pas tout ; M. Chantagrel n'a pas bonne mémoire, mais il est extrêmement opiniâtre, vous avez pu en juger ici, et pour donner créance à son témoignage, il a dit trois choses qui achèvent de le perdre : il avait dit une première fois : Quand on a répété à M. de Lesseps que je n'avais pas voulu accepter son offre, M. de Lesseps a dit : « A la bonne heure ! voilà un député intègre ». Il en parle bien à son aise, M. Chantagrel, il assistait donc à la conversation ? Comment a-t-il su la réponse qu'avait pu faire M. de Lesseps ?

Ensuite il a mis cette conversation sur le compte d'une dame, et a insisté pour qu'on fît venir Mme de Susini, directrice des postes ; il a raconté qu'il avait rencontré cette dame chez Mme Souligou, et que celle-ci, en le présentant à Mme de Susini, aurait dit : « Voilà un député intègre ! » Mme de Susini est venue, souriant, comme il convient, à une pareille question ; et elle a répondu non sans esprit : « Je ne me rappelle rien de semblable, on ne m'a pas présenté M. Chantagrel avec cette épithète qualificative, et quant à moi, j'estime que tous les députés sont intègres. »

M. Chantagrel ne s'est pas tenu pour battu, il a prétendu que M. Souligou avait raconté le fait à deux autres témoins, M. Auffray et M. Laraminot. M. Auffray est venu et a fait une déposition très courte, mais significative. Il a dit : « Je ne connais pas M. Souligou. — Allez vous asseoir, » a dit M. le Président. (*Rires.*)

Quant à M. Laraminot, il n'a pu venir, mais M. le Président a reçu de lui une dépêche qui confirme la déposition rapide, mais catégorique de M. Auffray.

En sorte que... il ne me viendrait pas un instant la pensée de contester l'honnêteté de M. Chantagrel... mais il n'y a pas l'ombre d'un doute, M. Chantagrel s'est trompé.

Permettez-moi, d'ailleurs, d'ajouter que si je discute toutes ces choses-là avec détail, c'est parce qu'il s'agit de l'honneur de M. de Lesseps; car en vérité, cela en vaut-il la peine?

A-t-on même pu établir que M. Souligou ait été d'une façon suivie en relations avec M. de Lesseps? M. Souligou a vu trois fois M. de Lesseps, deux fois dans les circonstances qui vous ont été racontées : agent de publicité, il tenait l'agence Lagrange et il allait proposer sa marchandise ; comme les autres agents de publicité, il a eu sa part dans les frais de l'émission ; on lui a versé 10.000 francs, qui figurent dans l'immense tableau de publicité dressé par M. Flory.

Puis il a vu M. de Lesseps à la fin de 1888, alors qu'il ne s'agit plus de M. Chantagrel, mais à propos d'un projet de traité avec le Crédit foncier. Par conséquent, ni de près ni de loin, on n'a même essayé d'établir l'existence de rapports suivis entre M. Souligou et M. Ch. de Lesseps, et vous êtes trop intelligents, Messieurs, pour ne pas comprendre que si M. Ch. de Lesseps eût voulu entreprendre de pareilles corruptions, ce n'est pas M. Souligou qu'il en aurait chargé.

Voilà, donc, j'espère, deux points bien éclairés et, j'arrive maintenant à l'acte d'accusation lui-même, c'est-à-dire aux autres accusés assis sur ces bancs.

Le trait le plus saillant de cette accusation singulière, c'est qu'on n'a pas même, dans l'instruction, cherché à confronter les corrompus avec le prétendu corrupteur.

On a donc reconnu tout de suite que M. Ch. de Lesseps n'avait jamais été en relations avec les personnes qu'on l'accuse d'avoir corrompues. Aussi, que fait-on pour faire apparaître ce lien indispensable entre le corrupteur et les corrompus? L'accusation interpose trois personnages: un mort, M. de Reinach; un malade, M. Cornélius Herz; un bien portant, M. Arton (*Rires*) qui semble jouer avec la police française un jeu de cache-cache réglé d'avance et qui fait de nous la risée de l'Europe.

Voilà des accusés qui ne sont pas gênants et avec lesquels on n'aura pas de peine à s'entendre. (*Nouveaux rires.*)

Puis, ayant introduit près de vous ces trois absents, l'accusation vous dit: Arton, Herz et Reinach étaient des agents de la Compagnie de Panama. Rien, Messieurs, n'est plus inexact. Il est vrai, c'étaient des intermédiaires, des courtiers, des placiers même; à certains points de vue, cela est vrai surtout pour Arton. Mais ils n'étaient ni les intermédiaires, ni les courtiers de la Compagnie de Panama. Ils faisaient le courtage pour le compte d'autres personnes. C'est là maintenant, Messieurs, ce que je vais vous montrer. (*Mouvement d'attention.*)

Je ne saurais vous faire un portrait exact de M. Cornélius Herz, il m'échappe par trop de côtés ; tantôt il est en France, tantôt en Allemagne, en Angleterre, en Italie, aux États-Unis ; il paraît être de tous les pays ou plutôt il n'en a qu'un seul : l'argent. Pendant douze ans, on trouve M. Cornélius Herz mêlé à toutes les affaires qui exigent le concours de l'État et qui dépendent de la faveur des ministres. Il a livré à la publicité des billets et des lettres qui prouvent que pendant le même espace de temps il était en correspondance familière, presque intime, avec une foule de personnes considérables. Vous concevez aisément qu'on ne brasse pas de telles affaires sans y gagner sans doute beaucoup d'argent. Aussi voit-on quelquefois M. Herz en user avec une magnificence toute princière. Par exemple un jour un homme influent lui recommanda un jeune homme : « Qu'à cela ne tienne, dit aussitôt M. Cornélius Herz, je vous admets au nombre de mes secrétaires ; vous aurez 500 francs par mois, mais sachez bien que je n'ai aucun besoin de vous ; vous viendrez seulement à la fin du mois toucher vos appointements. » On reconnaît là le cynisme du parvenu qui tient à marquer que sa générosité même n'est qu'une aumône. Avec cela je le vois mettre ses immeubles sous le nom de sa femme, se laisser poursuivre à Paris pour 50.000 francs de billets et se livrer vis-à-vis de M. de Reinach à des pratiques que le ministère public poursuit comme des escroqueries, et qui semblent trahir un homme mourant de faim. Voilà les faits qui m'apparaissent, et je ne suis pas là-dessus beaucoup plus avancé que vous, Messieurs les jurés. Je vois comme vous les effets, mais je ne saisis pas les causes, et si je voulais me servir d'une image familière, je dirais que je vois bien les pantins dont

M. Herz tirait les ficelles, mais je ne vois pas les ficelles.

Mais nous avons vu ici quelqu'un qui aurait pu faire de Cornélius Herz un portrait admirable, parce qu'il serait complet; quelqu'un qui l'a pris tout petit et qui l'a fait grand; quelqu'un qui a été mêlé à toutes ses entreprises ou qui les a connues, qui a eu avec lui jusqu'à la dernière heure des relations suivies, quelqu'un, avec cela, qui a du talent et qui, pour faire ce portrait, n'aurait eu besoin de la plume de personne, pas même de celle de M. Déroulède ; vous devinez aisément de qui je veux parler.

Mais j'y songe, Messieurs les jurés, il y a encore ici quelqu'un qui pourrait nous consoler du silence de M. Clémenceau, quelqu'un à qui rien n'est caché, qui lit nos dépêches, qui peut saisir quand il veut nos papiers et nos personnes. Ce quelqu'un, c'est le ministère public.

De quoi donc en effet s'agit-il? Il s'agit de savoir quelle était la cause du pouvoir singulier qu'a exercé pendant un temps Cornélius Herz, et quelles étaient les personnes sur lesquelles sa puissance fascinatrice s'est particulièrement exercée. Mais pour cela, au lieu d'installer à la porte de sa chambre à coucher un agent de police chargé de compter les bouillons que le docteur Frazer administre à son malade, et de donner ainsi une comédie qu'on pourrait ajouter à la cérémonie du *Malade imaginaire*, il y a quelque chose de plus simple, c'est de nous faire connaître ses affaires et ses relations.

Ses relations! tout Paris vous les dénonce, et vous ne les voyez pas! Ses affaires!... Il faut, Messieurs, là-dessus, que j'aide un peu l'accusation. Elle n'a qu'à aller à l'hôtel des postes : elle y trouvera un dossier des téléphones dans lequel elle trouvera de piquantes révélations. Elle ira de là au ministère de la guerre, et elle demandera le dossier des freins Wenger, tout rempli de choses intéressantes. Elle retournera à l'hôtel des postes et elle exigera qu'on lui remette toutes les dépêches de 1888 qui ont bien existé, puisque j'en retrouve la trace dans la correspondance échangée entre M. de Reinach et M. Cornélius Herz.

Comment! il est difficile de trouver ainsi la trace des relations de cet homme...

M. L'AVOCAT GÉNÉRAL. — Si Me Barboux voulait me permettre de lui communiquer les dépêches auxquelles il fait allusion, les voici.

Me BARBOUX. — Oh!... je vous en remercie, la forme est singulière, mais qu'importe? Je les accepte et je les examinerai. Je disais donc à Messieurs les jurés : Herz s'est-il jamais enveloppé d'ombre et de silence? Comme il convient à de tels hommes, il avait, au contraire, pour règle de sa vie... (M. l'Avocat général fait passer un pli cacheté à Me Barboux.)

M. LE PRÉSIDENT. — Pardon, Me Barboux. En vertu de notre pouvoir discrétionnaire, nous ordonnons la communication de ces pièces...

Me DU BUIT. — Mais puisqu'elles sont sous scellés, Monsieur le Président!

M. LE PRÉSIDENT. — ...leur jonction au dossier et la communication immédiate à la défense.

Me BARBOUX. — Cornélius Herz ne cherchait point à cacher ses relations. Il entre au contraire dans les calculs d'un tel intrigant de les afficher toutes pour s'en faire un moyen de puissance. Il n'est pas croyable que cet homme, qui en quelques années est arrivé au grade de grand-officier de la Légion d'honneur, n'ait de dossier nulle part, pas même à l'hôtel du quai d'Orsay. Mais nous reviendrons à cela plus tard. Je constate, en ce qui touche M. Herz, l'impuissance où je suis de vous le montrer allant, venant, trafiquant; cette impuissance, il ne faut pas, Messieurs, me l'imputer. Elle ne saurait être reprochée à la défense. Il serait, au contraire, bien facile, je ne dis pas au ministère public, mais au ministère, de vous édifier complètement là-dessus, puisque je viens d'indiquer la marche à suivre pour connaître toutes les relations de Cornélius Herz. Mais on ne veut pas le faire ou du moins on ne se sent pas d'empressement à le faire, et cela par une raison très simple, c'est que pendant dix années Cornélius Herz a été le courtier financier de tout un grand parti, le parti radical. (*Mouvement.*)

Ceci, messieurs, demande une explication, et je m'empresse de vous la donner. La politique, voyez-vous, c'est comme la guerre, elle dévore les hommes et les millions. Ce n'est pas assez d'avoir de vaillants soldats et d'habiles capitaines, si l'on n'a en même temps une caisse bien remplie pour les vêtir, les armer et les nourrir. De même, un programme chargé de promesses, des partisans zélés, des orateurs éloquents, des chefs rompus à toutes les roueries de la politique et de l'intrigue, tout cela ne parviendra pas encore à assurer le succès d'un parti, s'il n'a pas une caisse bien garnie pour alimenter ses journaux, soutenir ses comités électoraux, et au besoin mettre à la disposition des candidats les sommes toujours extrêmement considérables qu'il faut dépenser au moment des élections.

Aussi la première préoccupation d'un chef de parti

est-elle de remplir ce trésor de guerre que ses soldats se chargeront bien de vider.

Remarquez que je ne fais ici la guerre à aucun parti. Tous sont soumis à la même loi. Protectionnistes, libre-échangistes, libéraux, radicaux, réactionnaires, quels qu'ils soient, c'est là le caractère de notre temps d'avoir reconnu la puissance presque infinie de l'association, et toute association, quelle qu'elle soit, scientifique, littéraire, commerciale, politique, doit commencer par avoir une caisse sociale. Tout dépend des moyens qu'on emploie pour la remplir.

Notez que je ne prends ici la politique que par ses grands côtés, et elle en a de très grands. Ne vous y trompez pas ; si, dans ce procès, je suis condamné à montrer ses bassesses, je ne suis pas indifférent à ce qu'il y a de magnifique dans cet art de gouverner les hommes, dont dépendent le sort des peuples et le bonheur des nations. Mais si la politique a de très beaux côtés, elle en a aussi de fort vilains et de fort tristes. Ces idées générales qu'on développe dans la presse et à la tribune, lorsqu'elles inspirent ensuite l'administration et les lois, enrichissent les uns, nuisent au travail des autres ; par conséquent elles allument la fureur des convoitises individuelles. Ajoutez à cela la tendance constante de l'Etat à tout envahir, à augmenter sans cesse le nombre des industries qu'il monopolise, le nombre des emplois dont il dispose et des marchés qu'il contracte, ce qui développe sans mesure la mendicité administrative (*Sensation*), et vous comprendrez comment, à de certains moments, la richesse peut être envisagée comme un accessoire du pouvoir et comment certaines âmes peuvent tomber sous l'influence des deux passions les plus fortes qui puissent asservir le cœur de l'homme, le désir de dominer et la passion de s'enrichir.

De là vient cet exécrable mélange de la politique et de l'argent; de la politique maîtresse de tout par la tribune et par la presse, et toujours portée à user de sa toute-puissance pour extraire par mille suçoirs du corps entier des citoyens l'argent dont elle a besoin pour répandre ses idées, défendre ses partisans et quelquefois aussi, hélas ! pour les enrichir. (*Mouvement.*)

Appelez cela du nom que vous voudrez, à qui ferez-vous croire que l'attaque vienne de celui qui paye? que le voyageur va au-devant de celui qui le dépouille? que l'impôt lui-même serait acquitté, si l'on pouvait se dispenser de le payer?

En tout cas, il y faut un percepteur, c'est ici qu'entrent en scène les intermédiaires, les Arton, les Herz, les de Reinach. Je vais vous faire toucher du doigt la façon dont agissent ces courtiers. Écoutez d'abord ce passage de la déposition de M. Andrieux :

Je n'ai eu en vérité, au début, en 1886, que des soupçons qui se sont confirmés plus tard; j'ai, en effet, fait partie de la commission chargée d'examiner le premier projet de loi sur les obligations à lots en 1886. J'avais reçu d'assez nombreuses pétitions d'électeurs, d'obligataires du département que je représentais alors.

Je les avais déposées sur le bureau de la Chambre et je me trouvais par là même un peu engagé à être favorable au projet; je recevais des lettres assez importantes de mes électeurs, et c'est sous cette impression que j'ai posé ma candidature dans mon bureau en indiquant que j'étais, en principe, favorable, mais sous réserve; je fus nommé dans ces conditions et ces expressions sont celles que je relève dans le procès-verbal de ma nomination : « Favorable sous réserve ».

Quand je fus de la commission, je fus bien vite porté à accentuer mes sympathies plutôt que mes réserves, par ce motif qu'autour de moi s'agitaient des intrigues qui firent venir tout de suite à ma pensée l'idée de chantage.

Ecoutez bien ceci, car pour toute une partie de l'affaire, cela est d'une certaine importance.

En vérité, il me sembla que j'étais entouré de maîtres chanteurs et que la commission allait peser pour obtenir certains sacrifices d'argent, à défaut de quoi le projet serait repoussé par l'assemblée. Ce que je dis là, Messieurs, ne s'appliquait certainement pas à tous les honorables membres qui m'entouraient, et je dois dire que, parmi ceux qui faisaient une opposition énergique au projet de loi, M. Salis, que vous avez entendu hier, M. Pernolet, qui étaient alors mes collègues, ne furent suspects à aucun moment, mais je surprenais de petits conciliabules à la suite desquels je voyais certaines nominations présidentielles. Tout cela m'inquiétait.
Un jour, le président...

Ceci est pour M. Germain Casse.

... vint nous faire savoir que le matin M. Ch. de Lesseps était allé le corrompre, s'était rendu à son domicile et, à vrai dire, ne lui avait fait aucune proposition. Le président ne l'avait pas reçu; mais il avait la conviction qu'on allait pour le corrompre. Le président, c'était M Germain Casse. M. Germain Casse fit part de la tentative aux ministres avant d'en avertir ses collègues; enfin il nous en fit part à nous-mêmes. Si le président d'une grande entreprise était venu à mon domicile dans l'intention de me faire une communication, il ne me serait jamais venu à la pensée qu'il était venu pour me corrompre. Mais le président Germain Casse avait refusé les présents d'Artaxercès avant même qu'Artaxercès les eût déballés devant lui. Il n'avait pas reçu la visite.

Le compte rendu ajoute : « (*Rires*) ». Cela, Messieurs, n'a rien de surprenant.

A quelques jours de là, alors qu'il parut que la commission avait son siège fait et qu'une majorité se dessinait nettement, une majorité des deux tiers de la commission contre le projet, il me sembla que le moment était venu de passer au vote et, quoique favorable, je demandai le vote immédiat, pensant qu'il était inutile de favoriser les spéculations, de laisser tout en suspens en prolongeant l'examen, quand nous avions tous notre résolution bien arrêtée. Je fus en face d'une proposition différente présentée par l'un des membres de la majorité, je ne sais plus lequel. Cette proposition tendait à l'ajournement de l'examen après les vacances. Nous étions alors au commencement de juillet, c'était un ajournement de trois mois qui était demandé.

Puis, M. Andrieux a rappelé le langage qu'il avait tenu à ses collègues, l'impérieuse nécessité de ne pas laisser les spéculateurs se livrer à un jeu de baisse, dont j'aurai l'occasion de vous parler, sur les titres de la Compagnie, et le dommage considérable qu'éprouvaient les intérêts en souffrance, enfin l'utilité pour la Compagnie de prendre immédiatement une résolution définitive, si le projet était repoussé. Malgré cela, l'obstination de M. Germain Casse aboutit au renvoi après les vacances. Sur quoi M. Ferdinand de Lesseps, justement irrité, déclara dans les termes les plus vifs qu'il demandait le retrait du projet.

En 1888, les mêmes membres se sont retrouvés dans la commission des valeurs à lots, et ces mêmes membres qui, deux ans auparavant, avaient été tous hostiles, se sont montrés tous favorables, dithyrambiquement favorables, dit M. Andrieux. « Tout cela, ajoute-t-il, me parut singulier; et je crus voir dans l'attitude des membres de la commission une pression sur la Compagnie, une sorte de chantage organisé qui avait pour but de lui faire entendre qu'elle n'aurait le projet qu'après avoir donné l'argent. »

Telle est la déposition de M. Andrieux. A quoi se résume-t-elle? Messieurs, en dehors de ses appréciations personnelles, M. Andrieux n'a constaté qu'une chose, c'est qu'un certain nombre de membres défavorables en 1886 se sont montrés favorables en 1888. M. Andrieux est un homme simple, doux, naturellement bienveillant (*Rires*); il a conclu tout de suite de ce changement qu'il y avait là-dessous quelque chantage.

Mais laissant de côté cette hypothèse, permettez-moi de vous en montrer une autre qui me paraît beaucoup plus vraisemblable, quoique ni l'une ni l'autre ne soit absolument nécessaire à la défense de M. Ch. de Lesseps, car là encore il n'apparaît en aucune façon qu'il soit mêlé à cette affaire.

Vous vous rappelez la déposition de M. Hutin. Il vous a dit qu'Arton était l'agent de la Société française de dynamite. En cette qualité, il vint, en 1886, trouver M. de Lesseps, avec une lettre d'introduction de M. Naquet. Mais la Compagnie n'avait pas besoin de dynamite, et Arton fut éconduit.

M. Hutin rencontra ensuite Arton en 1887; tous deux allaient à Panama, M. Hutin pour les travaux, Arton pour placer sa marchandise. M. Hutin le présenta aux entrepreneurs, et les ventes faites par Arton furent bien considérables, puisque dans le procès de la Dynamite on a constaté qu'il avait touché 330.000 fr. de courtages.

Par conséquent, avant d'avoir entendu M. Andrieux, l'hypothèse qui s'était naturellement présentée à mon esprit pour expliquer le changement d'attitude des députés qui formaient ce qu'on appelait le groupe de la Dynamite, MM. Barbe, Le Guay et autres, était celle-ci : en 1886, M. Ch. de Lesseps ne fait pas d'affaires avec leur courtier, alors le groupe est défavorable ; en 1888, le courtier de la Société de dynamite fait de magnifiques affaires avec la Compagnie de Panama, la Société française de dynamite a donc le plus grand intérêt à la maintenir debout, et chacun des membres du groupe de la Dynamite, entraîné par la considération de ses intérêts commerciaux, se montre favorable au projet de loi.

J'ajoute que j'ai été fortifié dans ma pensée par cette circonstance tout à fait remarquable, qu'à propos du projet de loi du 14 juin 1888, les membres de la Société de dynamite, surveillant de très près leurs intérêts, ont eu le soin de faire insérer dans la loi même cette disposition : « Toutes les matières premières devront être de provenance française. » En sorte que de cette façon, ils s'assuraient un monopole pour la fourniture de la dynamite à la Compagnie de Panama.

M. Andrieux, à cette hypothèse toute commerciale qui me paraît la plus simple, et qui est en tout cas la plus conforme à cette règle supérieure de justice que les intentions doivent être supposées bonnes, à moins qu'il ne soit démontré qu'elles sont mauvaises, substitue l'hypothèse d'un chantage exercé par le groupe de la Dynamite. Son appréciation demeure sans preuve. En tous cas, où voit-on dans tout cela M. Ch. de Lesseps ?

Arrivons maintenant à M. Sans-Leroy. Où donc Arton aurait-il trouvé l'argent qu'il aurait remis à M. Sans-Leroy? Ah! voici ce que dit le ministère public : M. Arton a reçu 1.300.000 francs de M. de Reinach, et c'est avec cela qu'il a corrompu M. Sans-Leroy.

Système très dangereux pour le ministère public. Car l'écart entre la somme reçue et la somme donnée fera toujours naître un doute terrible : qu'est devenu le reste? Si l'on a remis 1.300.000 francs à Arton pour pratiquer des corruptions et qu'il ait donné 200.000 ou 300.000 à M. Sans-Leroy, encore une fois qu'est devenu le reste? où sont ceux qui l'ont reçu? M. l'Avocat général doit être logique, il faut qu'il nous montre où le reste de l'argent a passé, au moins qu'il l'indique, et nous verrons dans un instant que la même objection s'élève contre l'hypothèse d'une corruption pratiquée directement par M. de Reinach.

Je vous fais remarquer tout d'abord, Messieurs les jurés, que si M. Sans-Leroy démontre qu'il n'a pas été corrompu, il n'y a plus de procès de ce chef contre M. de Lesseps. C'est pour cela que, dans toute affaire semblable, l'avocat du prétendu corrupteur doit toujours être entendu le dernier. Mais on n'a pas dissimulé qu'on en voulait surtout à M. Ch. de Lesseps. Je suis trop respectueux de l'accusation pour soupçonner qu'il y ait là une tactique, et qu'on ait voulu vous le livrer le premier, afin que vous épuisiez sur lui votre sévérité. Cependant le fait est là et je devais le signaler au jury. Si, en effet, tous mes confrères vous démontrent que leurs clients sont innocents, s'il n'y a pas de corrompus, alors je n'ai pas à démontrer qu'il n'y a pas de corrupteur. N'insistons pas là-dessus, Messieurs. Pourtant je vous le signale, je désire que vous vous le rappeliez, et que vous vous rendiez bien compte que les observations que je vous fais ne vous sont présentées que sous la réserve de toutes celles que vous entendrez après moi. Si M. Sans-Leroy démontre qu'il n'a pas reçu d'argent, qu'il n'a pas été corrompu, je n'ai plus rien à dire, mais je suis obligé, par hypothèse, de raisonner, comme si vous admettiez que M. Sans-Leroy a reçu de l'argent. De qui l'aurait-il reçu ? D'Arton, vous dit-on.

Mais de qui Arton aurait-il reçu l'argent? De M. de Lesseps? Vous ne le prétendez pas. Vous dites : De M. de Reinach. Comment le prouvez-vous? Par un reçu, par des correspondances, par des lettres? Non. Par la liste, rien que par la fameuse liste.

M. l'Avocat général s'est, à plusieurs occasions, élevé avec force, — et là-dessus je suis pleinement d'accord avec lui, — contre l'effroyable danger de faire dépendre l'honneur des hommes de présomptions vagues et sans portée; mais s'il est d'accord avec moi sur le principe général, comment ne s'aperçoit-il pas tout de suite qu'il y fait exception et qu'il oublie la règle qu'il vient de poser lorsqu'il essaie d'étayer une accusation sur de pareils documents?

Ainsi donc on n'a pas même établi que M. de Reinach ait remis l'argent à Arton. Mais pour M. de Lesseps, c'est bien autre chose; quel témoignage avez-vous entendu, quelle preuve vous autorise à dire que M. Ch. de Lesseps ait jamais chargé Arton d'une telle besogne? On reconnaît qu'on est impuissant à l'établir; mais on dit : « C'est l'argent de la Compagnie qui, en passant par les mains de de Reinach, a servi à la corruption ». Mais, pardon, à quel moment M. Sans-Leroy aurait-il reçu l'argent? Avant le vote de la commission, par conséquent au mois d'avril 1888? et, à quel moment M. le baron de Reinach a-t-il reçu les 4.900.000 francs de la Compagnie de Panama? Le 16 juillet 1888!

Ah! Messieurs, je m'étonnais en relisant ce matin le réquisitoire de M. l'Avocat général, je m'étonnais qu'il eût glissé si légèrement à côté des difficultés que présente son système. J'entends fort bien qu'il a pu penser que la noblesse et la sincérité de sa parole feraient sur le jury assez d'impression pour le dispenser d'aucune preuve; mais je crois que là-dessus il s'est profondément trompé, et qu'il y a un très grave inconvénient à ne vous avoir ainsi montré, comme dans le fragment d'un miroir brisé, que certains côtés de la vérité en me laissant le soin de vous montrer tous les autres.

Pardonnez-moi, Messieurs, si je suis un peu plus long que M. l'Avocat général ; mais vous êtes obligés de reconnaître que cela tient à ce que je discute ; je prends ses preuves, je les rapproche des miennes ; je ne me borne pas à des affirmations, je démontre et ne veux rien vous dire qui ne soit aussitôt appuyé d'une preuve. Eh bien ! voilà des dates et des faits sur lesquels nous sommes d'accord. Si M. Sans-Leroy a reçu de l'argent d'Arton, il l'a reçu en avril 1888, et M. de Reinach n'a reçu de l'argent de la Compagnie que le 16 juillet 1888.

Dès lors, que va-t-on nous dire ? On va nous dire que M. de Reinach faisait des avances à la Compagnie... Où est le contrat, et à qui ferez-vous croire qu'un homme aussi avisé que M. de Reinach qui, nous le verrons dans un instant, était déjà serré à la gorge par Cornélius Herz et n'avait plus rien dans ses caisses, à qui fera-t-on croire que cet homme, sans contrat, sans acte, sans écrit, aurait fait des avances que la Compagnie n'avait pas besoin de lui demander ?

En effet, la Compagnie n'avait nul besoin de ses avances. Si donc à ce moment on avait chargé M. de Reinach de pratiquer des corruptions, soit sur Sans-Leroy, soit sur tout autre, on aurait mis à la disposition de M. de Reinach sous une forme ou sous une autre, une somme d'argent, et M. de Reinach n'aurait pas fait dans cette circonstance, puisqu'il ne l'a jamais fait, des avances à la Compagnie de Panama, avances étrangement aléatoires, car le projet pouvait être repoussé par les Chambres ; mille circonstances pouvaient empêcher l'émission, en sorte que M. de Reinach se serait trouvé à découvert et sans aucun moyen de se faire rembourser les sommes qu'il aurait ainsi avancées.

Que voulez-vous, Messieurs ! la situation de M. de Lesseps est à la fois très simple est très embarrassante. On n'apporte contre lui aucune preuve matérielle, je n'ai donc aucune preuve matérielle à discuter ; on n'apporte contre lui aucune présomption ; je suis dans l'impossibilité de saisir ces présomptions qu'on n'apporte pas, et de vous montrer combien elles sont faibles. Je suis donc obligé de chercher dans l'ensemble des faits les vraisemblances qu'offre la cause et de faire une démonstration en face de cette accusation qui ne démontre rien, qui n'établit rien, qui n'est en état de rien établir et qui l'avoue. En face de cette accusation vaine j'accumule les vraisemblances, les présomptions, pour bien montrer que, quels que soient les actes qui se sont accomplis entre M. de Reinach et Arton, auxquels nous sommes étrangers et que ni de près ni de loin nous ne connaissons, il est impossible de prétendre que M. de Lesseps ait chargé M. de Reinach d'avancer de l'argent à Arton pour corrompre Sans-Leroy, lorsqu'en réalité les intérêts de M. de Reinach dans l'émission de 1888 n'ont été réglés entre M. de Lesseps et M. de Reinach qu'après l'émission du 26 juin 1888, c'est-à-dire deux mois après le vote de la commission, et lorsqu'en réalité l'argent n'a été versé que le 16 juillet 1888.

Pour un accusé qui n'a pas de preuve à faire, qui doit se borner à discuter les preuves qu'on apporte contre lui, il me semble que j'en ai assez dit pour que M. de Lesseps ne puisse jamais être considéré comme le complice de la corruption qu'Arton ou M. de Reinach aurait pratiquée sur Sans-Leroy.

D'autant plus que vous n'oubliez pas ceci : Arton

était l'agent de la Société de dynamite, qu'Arton avait — pour le compte de la Société — un énorme intérêt à ce que le projet de loi fût voté ; en sorte que dans l'intérêt de la Société de dynamite tout autant que dans l'intérêt de la Société de Panama, Arton devait faire tous ses efforts pour que la commission se décidât en faveur du projet et que la loi fût votée.

Passons maintenant à d'autres faits.

Je vous ai montré dans la personne d'Arton un homme qui représentait à la Chambre tout un groupe d'intérêts politiques et d'intérêts commerciaux ensemble confondus. Je vais faire la même preuve pour M. Cornélius Herz, et vous montrer que ni de près, ni de loin, M. Cornélius Herz n'a pu, ainsi que le prétend le ministère public, être considéré comme l'agent corrupteur de la Compagnie de Panama.

Quelle était la situation de M. Cornélius Herz vis-à-vis de M. de Lesseps? M. de Lesseps était-il son associé? Non. Son ami? Pas davantage. Une relation mondaine? Pas même. C'est le 21 mai 1885 que pour la première fois M. Ferdinand de Lesseps adresse aux pouvoirs publics une demande d'autorisation d'émettre des obligations à lots. Vous comprenez que l'annonce d'une émission de 600 millions éveille immédiatement tous les appétits et allume toutes les convoitises. Et comme il fallait à la fois une loi et de l'argent, M. de Lesseps se trouva pour la première fois en face de deux puissances, je pourrais dire de deux tyrannies, celle de la politique et celle de l'argent.

L'argent! Demandait-il aux financiers de l'aider à accomplir son œuvre? Non, Messieurs, leurs ressources personnelles n'auraient point été suffisantes. D'ailleurs

leurs profits résultent de la circulation et non pas de l'immobilisation des capitaux. Même quand ils souscrivent des rentes sur l'Etat, ils les souscrivent pour les revendre. Par conséquent ce n'était point de l'argent qu'il leur pouvait demander.

Mais il ne faut pas croire qu'il n'eût pas cependant à compter avec eux; car s'ils ne pouvaient l'aider à accomplir son œuvre, il leur était très aisé de l'empêcher de la mener à bonne fin, en paralysant par leurs actes l'élan du public.

Si je voulais entrer avec vous dans le détail des opérations de Bourse, je vous montrerais la spéculation à la baisse engagée pendant des années entières sur les titres de la Compagnie de Panama, je vous montrerais les manœuvres de Bourse, comme par exemple la mort de M. Ferdinand de Lesseps plusieurs fois annoncée. Je vous montrerais la résistance énergique et vraiment patriotique opposée par les porteurs de titres, résistance que le cours de la Bourse trahit par les énormes déports que, pendant de longs mois, les baissiers ont dû payer; mais en fin de compte, je marquerais l'époque où, les actions de la Compagnie étant descendues au-dessous du pair, M. de Lesseps dut s'incliner devant des exigences auxquelles jusque-là il avait trouvé le moyen de se soustraire.

Pour les rendre moins âpres, que fit-il? Le voici : en offrant au public des titres qui jouissent d'un avantage particulier, l'appât de la loterie, il se disait avec beaucoup de raison qu'il aurait moins à compter avec les financiers. Oui, mais si d'un côté il avait moins à craindre des financiers, de l'autre il se heurtait aux hommes politiques, parce qu'il lui fallait, pour émettre les obligations à lots, l'autorisation des pouvoirs publics.

C'est ainsi qu'il se trouva en rapports directs avec deux hommes traitant, pour eux-mêmes et pour d'autres, les affaires les plus considérables, MM. Cornélius Herz et de Reinach.

Prenons d'abord Cornélius Herz ; en quelle qualité se présente-t-il à M. de Lesseps en 1885 ? Le voici, Messieurs. A ce moment, M. de Lesseps a demandé l'autorisation d'émettre des obligations à lots. M. Demôle a donné commission à M. l'ingénieur Rousseau de partir pour l'isthme. M. Ferdinand de Lesseps, son fils, tous les ingénieurs vont le suivre avec tous les délégués des chambres de commerce.

A ce moment Cornélius Herz vient voir M. Ferdinand de Lesseps. Il lui propose de se charger de tout ce qui est nécessaire pour le succès de l'émission, à savoir : sollicitations des ministres, règlements avec la presse, règlements avec les banquiers qu'il faut avoir pour soi, si on ne veut pas les avoir contre soi, et sans la bonne volonté desquels il est impossible de faire aucune émission. Et quelle somme M. Cornélius Herz demande-t-il ? Une somme de dix millions à forfait.

La trouvez-vous énorme, Messieurs ? Détrompez-vous. L'émission devait être de 600 millions ; cela représente 1 1/2 0/0. La commission demandée par Cornélius Herz n'avait rien d'exagéré.

Mais le projet de loi de 1886 n'ayant pas abouti, le marché fait avec Cornélius Herz est devenu inutile. Toutefois, dès la fin de 1885, Cornélius Herz, toujours avide, avait trouvé moyen de se faire escompter d'avance les 600.000 francs de billets Dauderni. Voilà les faits ; raisonnons maintenant sur ces faits.

C'est là, nous dit-on, le point de départ des accusations. Eh bien ! je demande alors en premier lieu pourquoi le ministère public s'adresse à M. Ch. de Lesseps et non pas à M. Ferdinand de Lesseps.

Croyez-vous que le ministère ait craint de gaspiller une partie de notre patrimoine national? Non, Messieurs, il n'a pas de ces timidités; mais il y a ici un principe, un principe de droit que je vais vous expliquer en quelques mots.

Vous savez, Messieurs les jurés, que pour être responsable d'un acte, même criminel, il faut avoir la pleine possession de son intelligence; mais ce que vous ne savez peut-être pas, c'est que si un acte, même criminel, a été commis et si, postérieurement à l'acte criminel, l'intelligence de l'auteur de l'acte est troublée, il ne peut pas être traduit en justice.

Pourquoi? parce que la loi veut que l'accusé comparaisse lui-même devant ses juges; qu'il leur donne ses explications personnelles; que s'il est humble et petit, il parle à leur cœur et cherche à les émouvoir par la pitié ; que s'il est grand et illustre, il les regarde face à face et les contraigne à mesurer la hauteur qui les sépare. Voilà ce que veut la loi, et si, le crime commis, elle se trouve en face d'un malade ou d'un dément, elle s'arrête devant la maladie comme elle le ferait devant le tombeau.

La Cour de cassation elle-même a, dans deux circonstances remarquables, maintenu avec une étrange fermeté ces principes. Un homme avait été condamné par la Cour d'assises; il forme un pourvoi en cassation; puis, avant que le pourvoi soit jugé, son intelligence se trouble, par l'effet de l'âge ou de la maladie; la Cour de cassation l'apprend, elle arrête la procédure et ne permet pas que l'arrêt prononcé devienne définitif.

Je n'ai pas besoin de vous dire quel est depuis bien

des mois l'état d'esprit de M. Ferdinand de Lesseps. Vous comprenez par conséquent pourquoi il était impossible de l'amener sur ces bancs.

Ce n'est pas que cette règle, règle de droit aussi ancienne que la justice elle-même, n'ait été quelquefois méconnue; on a vu dans les temps troublés de l'histoire des juges la méconnaître et condamner des morts ou des vivants semblables à des morts. Mais l'histoire, en enregistrant ces arrêts, les a toujours sévèrement flétris, et je vous connais assez, Messieurs les jurés, pour savoir que si M. l'Avocat général avait amené à cette barre ce vieillard illustre, accablé sous le poids de ses quatre-vingt-huit ans et qui pourrait à peine balbutier son nom, vous vous seriez levés tous, et, rompant le silence que la loi vous impose, vous auriez refusé de juger celui que la nature elle-même a réduit à l'impuissance de se défendre.

M. L'AVOCAT GÉNÉRAL. — Vous savez très bien qu'il n'en a jamais été question, qu'il n'a jamais été même impliqué.

Me BARBOUX. — Dès lors, j'ai bien droit de dire que, s'il a été impossible de demander compte du traité Cornélius Herz à M. Ferdinand de Lesseps qui l'a fait, il n'est pas équitable d'en demander compte à son fils et que la règle essentielle du droit criminel est ici violée.

D'ailleurs, où donc M. Cornélius Herz prenait-il son point d'appui pour amener M. Ferdinand de Lesseps à traiter avec lui?

M. Cornélius Herz, étudiant en médecine de la Faculté de Paris, qui s'en est allé prendre son grade de docteur à Chicago, ne pouvait assurément inspirer que de la défiance. Sa science? il n'en a aucune. Sa fortune? tout le monde lui en suppose, mais personne ne la voit.

Toute sa force, il la doit à ses alliances, à ses amitiés, à ses protecteurs. Il est à cette époque, 1885, l'ami et le principal associé de M. Clémenceau, qui, d'après sa déclaration, ne se serait séparé de lui qu'en 1886. Il est par M. Clémenceau le maître du parti radical, et par conséquent le protégé de la fraction du parti républicain modéré qui vote presque toujours avec le parti radical. Il y a, dans l'histoire parlementaire des dix dernières années, des dates terribles qu'aucun citoyen ne devrait jamais oublier. Vous souvenez-vous du jour où le chef du pouvoir que je ne nomme pas, pour obéir aux injonctions de M. Clémenceau, consentit à déserter la politique de Gambetta, à laisser l'Angleterre envoyer ses soldats camper aux pieds des Pyramides et s'emparer ainsi de cette terre d'Egypte que M. Ferdinand de Lesseps, humble continuateur de saint Louis et de Napoléon, croyait avoir pour jamais donnée à la France ? Jamais l'influence du parti radical, si funeste à nos affaires, ne se montra avec plus d'éclat, et si vous ajoutez à ces événements politiques cette pluie d'honneurs singuliers que la main du pouvoir faisait tomber sur la tête de Cornélius Herz, honneurs d'autant plus efficaces sur l'opinion du monde qu'ils étaient moins mérités, vous comprendrez alors la justesse de cette observation de M. Ch. de Lesseps : « Mon père a considéré que Cornélius Herz était un de ces hommes dont il n'était pas possible de faire un ennemi à la Compagnie de Panama ». (*Mouvement dans l'auditoire.*)

Voilà ce qui s'est passé en 1885, et voilà comment Cornélius Herz s'est trouvé en rapports avec M. de Lesseps. Notez d'ailleurs que c'est là la seule somme que Cornélius Herz ait reçue de la Compagnie de

Panama ; il n'a jamais eu depuis 1885 de relation directe avec elle ; car c'est, vous le savez, à M. de Reinach qu'il a eu affaire en 1888. Parlons tout de suite de M. de Reinach, puisque je viens de prononcer son nom.

Oh ! M. de Reinach n'était pas, comme M. Cornélius Herz, un étranger ; c'était un Parisien, tout à fait un Parisien. M. de Reinach passait pour fort riche, il était le parent d'un des membres les plus justement considérés du parti républicain ; il voyait nombreuse et très bonne compagnie ; on dinait chez lui, on y chassait, et dans l'intervalle des battues on traitait des intérêts de la France.

M. le baron de Reinach, il faut bien que vous le sachiez, ne s'occupait pas seulement des affaires de la Compagnie de Panama. Les affaires de la Compagnie de Panama n'entraient que pour fort peu de chose dans les combinaisons de M. de Reinach. J'ai trouvé, dans les pièces de l'instruction, par exemple, une lettre d'Arton du 17 novembre 1889 :

Mon cher baron,

Depuis hier le chef du cabinet civil à la guerre est chargé par le ministre de l'affaire X...; je pense donc que cela va marcher rondement à présent. Je suis cette affaire activement. Lundi je parlerai de J...

Cordialement,

Signé: Arton.

6 janvier 1886.

Mon cher baron,

M. T..., propriétaire de la *Petite Gazette*, vous a vu il y a quelques jours ; il vous a laissé entrevoir qu'il aurait besoin d'appui pour assurer l'existence de son journal. Vous feriez bien, je crois, de l'aider un peu. M. T... est l'ami intime de M. Granet qui, sans aucun doute, fera partie de la combinaison ministérielle en élaboration. Une fois M. Granet au pouvoir, la situation de M. T... se trouverait dégagée et peut-être entrerait-il avec lui comme son chef de cabinet...

Voilà une perspective bien encourageante, n'est-ce pas?...

Voyez s'il ne serait pas expédient de donner satisfaction à M. T... J'en serais heureux pour ma part, et la réflexion vous y conduira probablement.

Oh! rassurez-vous, il ne s'agit pas de grosses sommes, 2.000 francs seulement; vous le voyez, c'est pour rien, quand il s'agit de quelqu'un qui peut devenir à bref délai le chef de cabinet d'un ministre!

Si nous revenons à la Compagnie de Panama, voici l'ordre chronologique de ses rapports avec lui.

Les premiers datent de 1879. M. de Reinach, en effet, faisait partie de la Société civile qui, ayant obtenu du gouvernement colombien la concession du canal, l'a ensuite cédée à la Compagnie. Par conséquent, M. de Reinach, dès le début, se trouvait mêlé aux affaires de la Compagnie de Panama.

Dans les premières années, M. de Reinach n'a point été chargé du service financier des émissions, car, ainsi que vous le savez, c'est M. Lévy-Crémieux, qui en avait le soin. Puis, en 1886, M. de Reinach a remplacé M. Lévy-Crémieux que la mort avait soustrait aux curiosités de M. Allain-Targé.

Prenez-y garde; cette observation est grave, le service que faisait M. de Reinach à la Compagnie de Panama était exactement celui qu'avait fait M. Lévy-Crémieux; point de différence dans le contrat, point de différence même dans le pourcentage des sommes.

Vous allez voir que les sommes allouées à M. de

Reinach ne sont pas supérieures, elles sont même, pour la dernière émission, inférieures à celles qui étaient allouées à M. Lévy-Crémieux. J'attache à cette observation une importance très grande, et vous allez voir pourquoi.

Au temps de M. Lévy-Crémieux, il ne s'agissait de corrompre personne, puisque la Compagnie de Panama n'avait pas affaire aux pouvoirs publics.

Or, M. de Reinach étant chargé du même service, et l'ayant rempli dans les mêmes conditions et au même prix, pourquoi suspecter chez lui ce qu'on trouve tout naturel chez son prédécesseur?

Ce ne sont pas d'ailleurs toutes les sommes reçues par M. de Reinach qui sont l'objet d'une critique de la part du ministère public, il s'attache spécialement à celles qui ont été payées à M. de Reinach, le 16 juillet 1888, c'est-à-dire une somme de 3.398.000 francs et une somme de 1.550.000 francs, au total 4.500.000 francs.

M. de Lesseps a très nettement expliqué dans son interrogatoire l'objet de ces allocations :

D. — Le baron J. de Reinach a eu pour sa part dans le syndicat 3.390.475 francs, sans compter 110.000 francs, payés à la maison Kohn-Reinach dont il faisait partie.

R. — M. de Reinach est un des financiers les plus importants de Paris, mêlé à toutes les affaires. Quand une affaire se présente, il est pour ou contre, il est donc très utile de l'intéresser dans l'affaire pour obtenir son concours qui devient alors très utile, grâce à ses relations et à sa grande activité.

Sur les 3.390.000 francs dont vous parlez, je crois qu'il a dû consacrer une partie de cette somme à rémunérer lui-même certains concours.

Vous êtes, Messieurs, trop accoutumés aux affaires

pour ne pas comprendre aussitôt le langage de M. de Lesseps. Au-dessous de M. de Reinach s'agitait un nombre infini de courtiers, cette légion d'infiniment petits, dont les plus grands ont besoin, et avec lesquels il faut toujours compter.

Dès l'origine de l'affaire, M. de Lesseps, en traitant avec M. Lévy-Crémieux, avait essayé d'obtenir de lui le détail de ceux à qui il remettait de l'argent. Mais toutes ces opérations se traitant de la main à la main, M. Lévy-Crémieux présentait à M. de Lesseps les comptes que bon lui semblait, et M. de Lesseps ne tarda pas à s'apercevoir que cela lui coûtait plus cher, et qu'il était plus simple de se conformer à la pratique courante, ce qu'il fit d'abord avec M. Lévy-Crémieux et ensuite avec M. de Reinach.

Croyez-vous donc d'ailleurs que M. de Lesseps agit ainsi de son autorité privée ? M. l'avocat général disait hier : « M. de Lesseps et M. Fontane avaient les clefs de la caisse !... » encore une image, mais elle est absolument inexacte; celui qui avait les clefs de la caisse, c'était le caissier.

M. de Lesseps, comme M. Fontane, obéissait aux statuts de la Compagnie ; pas une délibération n'a été prise sans être régulièrement soumise au Conseil d'administration et transcrite sur ses procès-verbaux après discussion. Non seulement on dressait des procès-verbaux, mais encore on avait là un sténographe, afin que toutes les opinions émises par les administrateurs fussent soigneusement conservées par écrit.

J'ai là sous les yeux, je ne vous les lis pas, pour ménager votre fatigue, le procès-verbal sténographié de la délibération du Conseil d'administration dans laquelle M. de Lesseps se fit autoriser, après avoir fait connaître le détail, à verser aux différents banquiers les sommes qui lui paraîtraient indispensables pour le succès de l'émission.

Où donc, dans tout cela, voyez-vous l'idée de corrompre quelqu'un? l'accusation est hantée par ce fantôme de corruption comme les ministres le sont par la crainte de perdre leur portefeuille. Dans l'un comme dans l'autre cas, cette idée fixe ne peut que troubler le jugement.

Ainsi, en 1888 comme en 1887, en 1887 comme en 1888, avec l'un comme avec l'autre, pas plus cher avec le second qu'avec le premier, et même M. de Reinach a reçu moins, proportions gardées, pour l'émission de 1888 qu'il n'avait reçu pour les émissions précédentes, et que n'avait reçu M. Lévy-Crémieux pour les premières. Et tout cela, régulièrement voté par le Conseil d'administration et conformément aux statuts de la Société !

Cependant, que nous dit-on? On dit que M. de Reinach a employé ces sommes à des corruptions... Mais à corrompre qui? qui?

Ah ! si vous m'ameniez ici des personnages considérables, des hommes qui, par leur éloquence, par l'habileté de leurs intrigues, par une autorité considérable due à de longs services, pouvaient entraîner les décisions de la Chambre, je trouverais votre accusation vraisemblable.

Si vous m'ameniez une très grande quantité d'hommes insignifiants, mais puissants par leur nombre et pouvant ainsi former une majorité, j'aurais à discuter avec vous, parce qu'au moins votre accusation serait vraisemblable. Mais ici, elle pèche par la vraisemblance même ! Comment ! on a remis à M. de Reinach

3.300.000 francs pour pratiquer des corruptions, et ceux qu'il a corrompus sont les hommes qui sont sur ces bancs?

Je ne veux pas médire d'eux, chacun d'eux a sans doute des aptitudes particulières et je les suppose remarquables ; mais il faut reconnaître qu'aucun d'eux n'était chef de groupe, qu'aucun d'eux ne pouvait avoir d'influence, qu'aucun n'en a jamais eu, et si vous ajoutez à cela que le vote de la loi a eu lieu à cent voix de majorité, je vous demande s'il n'est pas bizarre de venir prétendre qu'on a remis à M. de Reinach 3 millions et demi pour commettre des corruptions et que ces corruptions se sont pratiquées sur quatre députés ou sénateurs absolument insignifiants (*Mouvement et rires dans l'auditoire*), et pour des sommes si légères qu'il vous faudrait expliquer la différence entre les 3.500.000 fr. et les 150.000 francs qui auraient été remis à ces différentes personnes.

Encore une fois il faut être logique. Montrez-moi l'utilité de la corruption, montrez-moi l'intérêt, montrez-moi le nombre, montrez-moi la puissance... vous ne montrez rien. Vous amenez là quatre personnes que la poursuite semble avoir retenues sans savoir pourquoi; mais quand vous êtes obligé de faire une démonstration et de montrer l'intérêt puissant que pouvait avoir M. de Reinach à acheter pour la Compagnie la voix de M. Béral ou la voix de M. Gobron, alors... alors, vous ne le tentez même pas.

Ainsi pas de preuve, et ce qui est plus significatif encore, pas même de vraisemblance.

Mais, me dit-on, il y a une lettre de M. de Reinach à M. de Lesseps du 24 juillet 1888... Ma copie n'est pas exactement semblable à celle qu'a lue M. l'Avocat général, mais la différence est peu sensible.

Cher Monsieur de Lesseps,

J'ai payé tout le monde et le docteur Herz en particulier...

Il y a dans votre copie : « en partie », on a mis dans celle que vous m'avez délivrée : « en particulier », ce qui est plus naturel.

... C'est donc le moment de vous donner ma situation, afin que vous examiniez où, quand et comment vous pourrez me donner satisfaction. Il s'agit pour moi, non pas de bénéfices, mais de rentrer dans mes débours.

Vous m'avez remis................	Fr.	4.490.475
j'ai ajouté de ma poche..................		4.000.000
	Fr.	8.940.000

C'est mon compte exact à ce jour.

Dans ce que vous m'avez remis, vous comptiez pour moi un bénéfice de 1.600.000 francs. Laissez-moi vous faire observer qu'ayant déboursé de ma poche un million, si j'avais été un simple participant de la dernière heure, j'aurais eu pour ce million 400.000 obligations qui m'auraient donné 400.000 fois 5 fr. 50, égale 2.200.000 au lieu de 1.600.000 francs. Ceci n'est qu'une simple observation et ne modifie en rien les premiers chiffres. Je vous mets tout cela par écrit afin qu'il n'y ait aucun malentendu sur les chiffres. Quand vous serez sorti de vos comptes, je serai prêt à causer avec vous.

Et alors, M. l'Avocat général de dire : Vous le voyez bien, c'est un mandataire qui rend compte à son mandant de l'exécution de son mandat... « *J'ai payé tout le monde.* » Tout le monde, ce sont les accusés.

Ah! M. l'Avocat général! si vous invoquez la lettre de M. de Reinach, il faut la prendre telle qu'elle est; or il prétend avoir dépensé 8.900 000 : quel rapport y a-t-il entre cette somme et l'argent donné aux accusés?

Remarquez d'ailleurs que cette lettre ne se trouve pas à la Compagnie de Panama, quoique M. Monchicourt ait dit lui-même que les livres de la Compagnie et ses archives étaient tenus comme ceux de l'Etat. M. de Lesseps ne se souvient pas d'avoir reçu cette lettre; on la retrouve seulement au copie de lettres de M. de Reinach ; mais rien n'établit qu'elle ait été envoyée.

Mais n'insistons pas sur ce détail.

Je vous ai dit que lorsque M. de Reinach recevait de l'argent, il ne devait pas le garder tout entier pour lui-même ; je viens, en effet, de placer sous vos yeux la déclaration de M. de Lesseps au juge d'instruction; M. de Reinach, sur les sommes qu'il recevait, devait rémunérer certains concours. Eh bien! quel est l'objet de la réclamation de M. de Reinach?

Un mandataire qui rend ses comptes? ah! ne dites pas cela! Quand un mandataire rend son compte, il donne le détail des sommes payées, il n'a pas la prétention de dire à son mandant : Tenez, voilà un bloc de 8 millions que j'ai payé, rendez-les-moi...

C'est donc là de la part de M. de Reinach une simple affirmation que rien ne justifie et, dans sa lettre elle-même, rien n'indique ce que contient ce mot « *tout le monde* » et pourquoi ce « *tout le monde* » aurait une signification criminelle.

Pourquoi donc criminelle? Il aurait sur ces 8 millions, tirés moitié de la Compagnie, moitié de sa poche, payé des sommes à des fonctionnaires; lesquels encore une fois? Pourquoi n'amenez-vous pas ici les corrompus qui auraient reçu cette somme énorme?

Et d'ailleurs, est-ce que la lettre elle-même ne porte pas : « J'ai payé tout le monde et le docteur Herz en particulier » ? Herz est ainsi le premier de ce « *tout le monde* » ! Est-il donc un fonctionnaire? est-il accusé d'avoir été corrompu? Pas le moins du monde. Par conséquent, « *tout le monde* », ce sont des gens comme Cornélius Herz, concours financiers ou autres, dont Reinach n'avait pas à rendre compte, aux termes de son contrat avec la Compagnie.

Mais plus tard, ajoute le ministère public, le liquidateur, interrogé par M. le juge d'instruction, a raconté qu'il avait demandé à M. de Lesseps ce qu'était devenue cette somme de 3.500.000 francs, et que M. de Lesseps lui avait fait une réponse ambiguë de laquelle on pouvait induire qu'il en avait connu l'emploi. On n'a point ajouté, on aurait pourtant dû le faire, que M. Monchicourt, dont tout le monde ici proclame l'honorabilité absolue, interrogé à nouveau par le juge d'instruction et invité par lui à bien préciser ses souvenirs, dit : « Je me suis trompé l'autre jour, et la conversation à laquelle j'ai fait allusion est une conversation que j'ai eue avec M. de Reinach, et non pas avec M. de Lesseps. »

On aurait pu ajouter qu'appelé devant la première chambre de la Cour à déposer sur le même fait, M. Monchicourt a déposé dans des termes sur lesquels j'appelle toute votre attention. M. de Lesseps avait dit :

M. DE LESSEPS. — Il s'agit, si je ne me trompe, de savoir si je savais ou non l'emploi que M. de Reinach avait pu faire des sommes qui lui avaient été données par la Compagnie du Panama.

Voilà bien la question, M. le Premier Président, qui interrogeait à la fois M. Monchicourt et M. de Lesseps, intervient et dit :

M. Monchicourt vient de dire qu'il croit que vous ne le saviez pas.

M. MONCHICOURT. — J'ai dit que je ne croyais pas qu'il le savait.

Par conséquent, nous avons sur ce point une preuve absolue. Il n'y a donc rien à tirer contre M. Charles de Lesseps de la première déposition rectifiée par les deux autres dépositions du même témoin.

Vous vous rappelez aussi, — car je ne veux, dans un procès où il s'agit d'intérêts si graves, rien laisser sans réponse, — vous vous rappelez aussi que le dernier témoin appelé à votre barre à la requête d'une des partie civiles, M. Bonaparte Wyse, a dit : « M. Monchicourt m'a raconté que l'un des administrateurs — il n'a pu préciser lequel — lui aurait remis un pli cacheté, lequel aurait contenu 161 noms. » Comment M. Monchicourt aurait-il pu savoir que ce pli cacheté contenait un certain nombre de noms ? M. Wyse ne nous a point expliqué ce mystère, mais peu importe. M. Monchicourt, interrogé par M. le Président, par voie épistolaire, puisque sa santé ne lui permet pas de venir à la barre, a écrit une lettre de laquelle il résulte qu'il nie de la façon la plus positive, et le propos, et le dépôt d'un pli cacheté, et la connaissance des 161 noms.

Il y a donc là probablement une erreur de mémoire. J'ajoute que cette erreur est sans importance pour mon client ; M. Bonaparte Wyse, en effet, n'a point dit que M. Monchicourt lui ait dit tenir ce pli de M. Charles de Lesseps, et vous n'avez point oublié les dernières paroles qu'il a prononcées à cette barre : à supposer, vous a-t-il dit, qu'on fût obligé de choisir entre les déclarations de quelqu'un et celles de M. de Lesseps, ce seraient celles de M. de Lesseps qu'il faudrait toujours accueillir ; car, phénomène singulier dans un procès d'assises, toutes les personnes appelées à cette barre, même par nos adversaires, ont tenu à rendre un hommage spontané à la droiture et à la loyauté du client que je représente devant vous.

Mais, Messieurs, il faut pousser la preuve plus loin : non seulement le ministère public est incapable de faire la démonstration dont votre justice a besoin, mais encore je puis dire que, dans une large mesure, nous savons l'emploi que M. de Reinach a fait de cette somme de 3 millions et demi. En effet, sur cette somme, il a été payé une somme énorme, 2 millions, et nous savons à qui elle l'a été, n'oublions pas la phrase : « J'ai payé tout le monde, et le docteur Herz en particulier. »

Cette remise faite au docteur Herz va nous permettre de toucher à l'un des points les plus délicats de ce procès.

Permettez-moi de vous dire, Messieurs les jurés, qu'il faut en toute matière se résigner à ignorer beaucoup de choses, on ne peut jamais se flatter d'arriver à la connaissance complète et absolue de la vérité; vous auriez ici devant vous M. de Reinach et M. Cornélius Herz, croyez-vous que vous sauriez tout? Non, à coup sûr; ces deux accusés auraient trop d'intérêt à mentir, et comme ils en avaient une fort grande habitude, je crois que la vérité vous échapperait encore sous les déguisements dont ils sauraient la revêtir.

Bien juger, c'est déclarer certain ce qui est certain et douteux ce qui est douteux; puis, quand on a fait ce départ, c'est n'asseoir son jugement que sur ce qui est certain et rejeter du débat tout ce qui n'est que douteux.

Je n'ai donc pas la prétention de vous faire connaître d'une façon absolue les liens qui pouvaient unir Cornélius Herz à M. de Reinach. Je serai obligé de laisser aussi bien des points dans l'ombre, parce que je n'ai aucune lumière qui me permette de les éclairer : mais cependant je crois pouvoir arriver à déterminer plusieurs faits certains qui suffiront à rassurer complètement votre conscience.

J'ai eu l'occasion, en effet, de vous rappeler qu'en 1885, M. Ferdinand de Lesseps, son fils et tous les ingénieurs, pour faire un examen complet de l'état des travaux de Panama, étaient partis pour l'isthme. A ce moment, Cornélius Herz s'était présenté à la Compagnie et, fort de ses alliances politiques et du crédit qu'elles lui valaient, avait obtenu de M. Ferdinand de Lesseps la promesse qu'il serait chargé comme courtier financier de tout ce qui concernait l'émission, et qu'à ce moment il avait obtenu un forfait de 10 millions. Puis, vous le savez, l'émission n'eut point lieu; par conséquent, M. Cornélius Herz n'avait droit à aucun payement. Néanmoins, vous le savez aussi, il avait trouvé le moyen d'arracher par avance une somme de 600.000 fr. que, bien entendu, on ne songeait même pas à lui faire rendre, cela eût été absolument impossible.

Mais M. Cornélius Herz avait gardé le souvenir et le regret de son contrat et, quand, dans les émissions successives, il vit M. le baron de Reinach remplacer M. Lévy-Crémieux comme courtier financier de la Compagnie de Panama, il en conçut, non pas contre la Compagnie de Panama, mais contre M. de Reinach une haine très vivace; et alors il entreprit, à l'aide de moyens que l'instruction ne me permet pas de saisir, moyens sur lesquels l'accusation paraît n'être pas mieux éclairée que nous-mêmes, il entreprit contre M. de Reinach une campagne de pression et de chantage fondée sur le partage de secrets qui me sont inconnus, campagne qui paraît avoir fait passer toute la fortune de M. de Reinach dans les mains de Cornélius Herz.

Je soupçonne que dès cette époque, à la date de 1888, des hommes éclairés comme M. de Freycinet, M. Floquet, M. Clémenceau, ne pouvaient garder aucun doute sur le caractère de M. Cornélius Herz. Dès cette époque, ils devaient voir clair dans son jeu. Peut-être ne le considéraient-ils point encore comme un brigand, mais ils devaient être disposés à le juger ainsi ; seulement ce brigand était redoutable. Que fait-il alors? il passe la frontière, il se met à l'abri des atteintes de la justice française, et, comme il sait bien qu'il n'a rien à attendre de la complaisance ses anciens amis, il va essayer d'exploiter leur terreur. De Francfort, il expédie en France des télégrammes menaçants, et nous allons reconnaître les hommes qu'il menace, en déterminant ceux qu'il a épouvantés.

On a retrouvé quelques-uns de ces télégrammes à la direction des postes, et notamment un qui précède de quatre jours le télégramme du 10 juillet envoyé à M. Fontane.

Voici ce télégramme, daté du 6 juillet, il est expédié en clair à M. de Reinach :

> Si demain, avant quatre heures, je ne reçois pas confirmation télégraphique des signatures et de l'envoi des deux pièces remises par moi entre les mains de votre mandataire, je donne suite aux mesures conservatoires nécessaires ; je n'accepte pas le moindre changement dans le texte des deux pièces. A vous de décider de votre sort.

Certes, le télégraphe n'est point accoutumé à transmettre de semblables dépêches, et l'on comprend qu'on en ait gardé copie. Puis, le 10 juillet, il adresse à

M. Marius Fontane le fameux télégramme que vous connaissez : « Votre ami veut tricher, s'il continue, je ferai tout sauter. » Vous vous en rappelez les termes, il a été déjà lu plusieurs fois.

Or, quel était le but de M. Cornélius Hertz? Oh! ces deux dépêches ne peuvent laisser de doute dans l'esprit de personne. Il veut intimider et, pour intimider, il menace. Qui veut-il intimider? qui menace-t-il? Ceux qui ont quelque chose à craindre de ses révélations, n'est-ce pas? Eh bien! cherchons avec vous, je vous prie, ceux dans l'âme desquels ces dépêches ont jeté le trouble et l'inquiétude, et, par cela même, nous connaîtrons les personnes qu'elles visaient directement ou indirectement.

Est-ce dans l'âme des administrateurs de Panama, M. Marius Fontane ou M. Charles de Lesseps? Se sont-ils crus menacés par M. Cornélius Hertz? Ont-ils montré quelque crainte de ses révélations? Alors ils vont s'émouvoir, alors si la dépêche est compromettante, ils vont la cacher... Pas le moins du monde. M. Marius Fontane fait classer cette dépêche comme papier inutile, à la Compagnie de Panama où on l'a retrouvée.

N'oubliez pas, Messieurs, que cette dépêche est du 10 juillet et n'oubliez pas non plus que dès le 12 juillet, M. de Freycinet faisait mander M. Charles de Lesseps au ministère de la guerre. Quel est le récit qui vous a été fait de cette entrevue? Vous allez voir que ces deux récits diffèrent extrêmement peu, mais que cependant ces petites différences ont dans la cause une véritable importance. Voici dans quels termes, très courts, M. de Lesseps avait raconté cette entrevue :

Je continue ma réponse commencée hier soir; j'ai, en effet, remis à M. de Reinach près de 5 millions, à propos de l'émission de juin 1888, mais il y a une distinction à faire, et j'ai besoin d'expliquer les textes suivants pour bien faire comprendre ce qui s'est passé.

Avant le vote de la loi, à une époque que je ne puis préciser, vers la fin de mai, M. de Reinach vint me voir et me dit qu'il était nécessaire que je lui remette 10 à 12 millions qui lui étaient absolument nécessaires, il se disait ruiné et aux prises avec les difficultés les plus grandes, avec Cornélius Herz; qu'il avait des palpitations de cœur, qu'il allait mourir. Je répondis à M. de Reinach que si je ne le connaissais pas si bien, je croirais qu'il joue la comedie. Que se passait-il exactement entre Cornélius Herz et de Reinach? Je l'ignore, il devait exister un lien extraordinaire dont j'ignorais les causes et les ramifications.

Je déclarai nettement à M. de Reinach...

Vous allez voir si ce sont les allures d'un homme qui croit avoir à redouter des révélations.

Je déclarai nettement à M. de Reinach qu'il m'était impossible de consentir à lui remettre 10 à 12 millions qu'il réclamait instamment. D'après mes calculs, j'estimais qu'en remettant à M. de Reinach 3 millions ou même 3.500.000 francs, j'aurais cru être très large pour rémunérer les services passés, présents ou futurs de M. de Reinach, en prenant pour base de mon calcul les avantages faits à son prédécesseur, M. Lévy-Crémieux, étant donné que l'émission des lots était considérée comme la dernière. M. de Reinach me quitta très contrarié de mon refus, il vint me revoir une fois ou deux dans les jours qui suivirent cette première demande. Il insista de nouveau, mais je restai inébranlable. M. de Reinach me dit : « Alors tout est perdu. » Je répondis : « C'est possible, mais moi je ne puis faire l'impossible. »

Sur ces entrefaites, un officier d'ordonnance du ministre de la guerre vint me trouver rue Charras et me dit qu'il venait de la part de M. de Freycinet, ministre de la guerre, me prier de passer au ministère de la guerre, où M. de Freycinet me recevrait vers cinq heures du soir ce jour-là. Je me rendis au ministère de la guerre le même jour, à l'heure indiquée, sans savoir pourquoi M. de Freycinet désirait me voir.

C'était au moment où M. de Reinach essayait de m'arracher 10 à 12 millions, comme je l'avais dit tout de suite, en mai ou juin 1888. M. de Freycinet me reçut et me tint le langage suivant : « Ce matin, deux hommes politiques considérables du parti républicain sont venus me demander pendant que j'étais au Conseil des ministres. J'ai quitté le Conseil et j'ai été causer avec eux. »

« Que ces hommes politiques — qu'il n'a pas nommés — lui avaient signalé la grande crainte de difficultés ou de scandales qui pourraient surgir par suite de règlements non faits. M. de Freycinet me demanda alors, invoquant l'intérêt de la République, de faciliter avec les frais d'émission les difficultés qu'il m'exposait, et qui lui avaient été exposées par les hommes politiques qu'il ne m'a pas nommés, comme je l'ai dit. »

Je répondis à M. de Freycinet : « Vous ignorez certainement que ce dont vous me parlez doit nécessairement se lier à une demande de 10 à 12 millions que me fait actuellement M. de Reinach comme conséquence de ses relations avec Cornélius Herz. M. de Reinach m'a parlé des difficultés dont vous m'entretenez, et j'ai répondu à M. de Reinach qu'il me serait absolument impossible de donner 10 à 12 millions. »

J'ajoutai en répondant à M. de Freycinet que néanmoins, tenant compte de cette situation, je remettrais à M. de Reinach le plus possible, dans la limite des crédits qui me seraient ouverts par le Conseil, en restant certainement fort loin de sa demande.

M. de Freycinet me répondit alors : « Personne ne m'a parlé de chiffres, je me borne à vous recommander de faire tout ce que vous pourrez pour résoudre les difficultés que je vous ai signalées. »

Cette première intervention de M. de Freycinet aurait déjà suffi à me décider à faire, dans la limite du possible, les remises non récupérables d'argent qui m'étaient demandées.

Voilà le récit de M. de Lesseps. Que vous a dit M. de Freycinet ? « Il est bien vrai que j'ai prié M. de Lesseps de venir au ministère de la guerre ; cette visite a eu lieu le 12 juillet. Il est bien vrai que je lui ai dit que deux personnages considérables étaient venus me trouver au Conseil, m'avaient fait part des dangers que pouvait entraîner le procès dont M. de Reinach menaçait la Compagnie. J'ai signalé ces difficultés à M. de Lesseps, mais (c'est ici que se précise la différence) quand M. de Lesseps a voulu m'expliquer de quoi il s'agissait, je lui ai dit que cela ne me regardait pas, que je ne voulais lui donner qu'un conseil et que, ce conseil donné, il en ferait ce qu'il voudrait. »

Ainsi toute la différence tient en ceci que M. de Lesseps affirme « qu'en réponse à l'observation que lui faisait M. de Freycinet au conseil qu'il me donnait, je lui ai indiqué qu'il s'agissait certainement d'une réclamation de 10 à 12 millions de M. Reinach pour donner satisfaction à Cornéliuz Herz ».

M. de Freycinet dit : « Non, on ne m'a point parlé de Cornélius Herz. » Mais il reconnaît que c'est à l'occasion du procès dont M. de Reinach aurait menacé la Compagnie de Panama qu'il faisait venir M. de Lesseps.

Les autres témoignages entendus vont nous permettre de combler quelques lacunes de cette déposition et de préciser les faits. En effet, nous savons que les deux personnes qui sont venues trouver M. de Freycinet au Conseil des ministres étaient M. Clémenceau et M. Ranc. M. Clémenceau a déposé, vous l'avez entendu; que vous a-t-il dit? Il a été bien plus catégorique que M. de Freycinet, et il vous a dit : « Je pensais, quand j'ai entendu parler d'un procès que M. de Reinach voulait faire à la Compagnie de Panama, qu'il s'agissait d'un procès commercial, je n'ai pas pensé qu'il s'agît d'une autre chose ni que la politique y fût pour rien.

« Seulement j'étais préoccupé d'une chose, c'est que cela pourrait amener la chute de la Compagnie de Panama et, comme nous étions en pleine période boulangiste, il me semblait que, si des complications financières venaient s'ajouter aux complications politiques, la République ne pourrait qu'en souffrir. »

M. Ranc a été plus net encore, sa déposition a reproduit un article écrit par lui dans le journal *le Matin ;* voici cet article :

« Je pourrais m'abriter derrière Clémenceau ou dire que mon rôle en tout ceci a été si peu important que M. Franqueville n'a même pas jugé nécessaire de me faire appeler devant lui pour confirmer les renseignements déjà donnés par M. de Freycinet, que je n'ai été en quelque sorte qu'un témoin, mais je n'ai pas l'habitude de la défilade...

Cela est vrai, Messieurs, et je me plais à lui rendre cette justice :

... et j'entends assumer la responsabilité de la démarche à laquelle je me suis associé dans les limites où mon intervention s'est produite.

Nous commencions à être en pleine bataille boulangiste. La lutte s'annonçait comme âpre et difficile ; nous étions si pénétrés du danger, que nous venions de faire ce qu'on a appellé la concentration Clémenceau-Joffrin-Ranc. J'étais un matin chez Clémenceau ; le bruit courait que des difficultés violentes s'élevaient entre M. de Reinach et les administrateurs du Panama ; il pouvait y avoir un éclat suivi d'un gros scandale. Si cela arrivait, sans parler d'un redoublement d'attaques contre la Chambre, c'était peut-être le dernier coup porté à l'entreprise. Je me rappelle m'être écrié : « Ah bien ! il ne nous manquerait plus que cela d'avoir contre nous tous les porteurs de Panama ! »

Clémenceau, à qui je venais de dire qu'en sortant de chez lui, j'irais causer avec M. de Freycinet, me proposa de m'y accompagner, de le mettre au courant et de voir si, en raison de ses relations amicales avec M. de Lesseps, il ne pourrait pas appeler son attention sur ce que la situation pouvait avoir de grave pour le Panama lui-même.

Clémenceau dit dans sa déposition que je ne fis pas d'objection. C'est très exact. J'avoue même que je n'eus pas un moment d'hésitation. Nous allâmes ensemble chez M. de Freycinet. Pour le reste, je m'en réfère à la déposition du ministre de la guerre.

Et il termine ainsi :

Maintenant, je déclare nettement que cette démarche, je ne me la reproche pas. J'ai agi dans un intérêt politique, dans l'intérêt de mon parti, dans l'intérêt de la République menacée. Oserais-je dire dans l'intérêt du Panama, qu'on croyait encore pouvoir sauver ? Me reportant aux circonstances, à l'état des esprits, à la situation d'alors, ce que j'ai fait, je le referais.

Remarquez bien que je ne reproche ni à M. Ranc,

ni à M. Clémenceau, leurs préoccupations; mais il faut bien voir quelle en était la nature. L'article de M. Ranc est là-dessus aussi formel que possible. Les intérêts de la Compagnie de Panama n'étaient pas leur principal souci. Hommes politiques, ils se préoccupaient avant tout de la politique ; ce qui les inquiétait, c'était le scandale qui pouvait résulter d'un procès, — nous allons voir lequel, — et en même temps la crainte que ce procès nuisît aux intérêts de la République elle-même.

C'était une crainte politique qui les conduisait chez M. de Freycinet. Or, à qui fera-t-on croire que de pareils hommes se mettraient ainsi en campagne pour empêcher un procès ordinaire entre deux particuliers ? A qui fera-t-on croire qu'ils interviendraient ainsi pour essayer d'arrêter un procès sans en demander la nature? Et quand M. de Freycinet est venu dire : « J'ai refusé absolument de savoir de quoi il s'agissait », il me sera permis de lui répondre qu'il a refusé de le savoir, parce qu'il s'en doutait; car il est bien difficile d'admettre qu'en pareil cas un homme de cette importance donne à un particulier, voire même un ami, le conseil d'arrêter un procès, sans se demander à lui-même si le conseil qu'il va ainsi donner n'aurait pas pour conséquence d'amener son ami à céder devant une tentative de chantage.

Voyons, faisons un retour sur nous-mêmes : qui de nous consentirait à intervenir dans un semblable débat sans savoir en faveur de qui il intervient ? Car lorsqu'on engageait ainsi M. de Lesseps à faire ce qu'il pourrait pour empêcher M. de Reinach de faire un procès, c'était l'engager à donner satisfaction dans la mesure du possible à M. de Reinach ; c'était donc une intervention en faveur de M. de Reinach.

Comment est-il possible d'admettre qu'une intervention de cette nature n'ait pas été précédée par une connaissance au moins superficielle de la difficulté elle-même? Et quant à la raison qui vous a été donnée, qu'on redoutait un krach financier et l'effondrement du Panama, elle est aussi mauvaise que possible.

Quoi! Des hommes de cette valeur et de cette expérience auraient cru qu'un procès commercial fait par un banquier à une Compagnie pouvait amener son effondrement immédiat? Mais un procès de cette nature, il faudrait deux ans pour le vider. Est-ce que c'étaient les dix ou douze millions que M. de Reinach demandait à la Compagnie de Panama qui pouvaient la mettre en péril? Allons donc, Messieurs, tout cela est puéril! J'ajoute que ce qui l'est davantage encore, c'est de soutenir que ce procès, eût-il été jugé avec une rapidité exceptionnelle, pouvait avoir sur le crédit de l'État une influence fâcheuse. Et les hommes politiques le savaient à merveille, à commencer par les ministres. En voici la preuve :

En venant à votre barre, ces témoins ont oublié qu'un mois auparavant, à propos de la loi du 14 juin 1888, la commission de la Chambre avait entendu le syndic des agents de change pour examiner le point de savoir si, le droit d'émettre des obligations à lots étant refusé à la Compagnie de Panama, la Compagnie étant d'ores et déjà obligée d'arrêter ses travaux, la chute de cette entreprise considérable pouvait avoir pour le crédit public de graves conséquences.

La question fut ensuite traitée avec étendue à la Chambre; voici en tous cas la déposition du syndic des agents de change :

La Commission devait se préoccuper d'une autre question, celle de savoir quelles seraient à la Bourse les conséquences de la ruine de la Compagnie, au cas où la Chambre ne lui donnerait pas le secours qu'elle sollicitait.

Il y a eu une déposition dont j'ai le regret de ne pas trouver trace dans le travail de M. le rapporteur, mais qui me paraît avoir une importance capitale, car, vous le savez, c'est surtout en insistant auprès de nous sur les dangers possibles de l'effondrement nouveau du marché financier qu'on essaie de nous faire accorder l'autorisation de l'émission sollicitée.

Voici ce qu'a répondu à ce sujet M. Hart, syndic des agents de change.

M. Félix Faure lui dit : La rente serait-elle affectée?

M. Hart répond : Le crédit de l'État n'est point en jeu, il est en dehors de l'affaire du Panama.

M. Félix Faure : D'autres valeurs qui sont la base du marché français subiraient-elles une dépréciation considérable ?

Réponse de M. Hart : Je ne le crois pas.

Par conséquent, dès le 14 juin 1888, un mois à peine avant l'entrevue elle-même, tout le monde savait que la chute de la Compagnie de Panama ne pouvait avoir sur le crédit de l'Etat ou sur le cours des autres valeurs françaises qu'une très petite influence, et j'ajoute que l'événement a confirmé les déclarations du syndic des agents change. La Compagnie de Panama est tombée six mois plus tard, cela n'a entraîné de baisse, ni sur la rente, ni sur les autres valeurs. Par conséquent le syndic des agents de change ne se trompait pas, ce qu'il disait a été justifié par l'expérience. Il est donc évident que les hommes politiques qui sont intervenus ne se préoccupaient point d'un procès commercial; ils se préoccupaient seulement du côté politique que pouvait avoir ce procès.

Je ne veux pas dire que leur inquiétude ne fût pas légitime; je n'ai pas l'intention de soutenir qu'ils n'ont pas agi avec sagesse au point de vue politique, mais ce que je dis, c'est qu'on cherche un peu trop maintenant à atténuer la vérité lorsqu'on affirme qu'on n'est intervenu que pour arranger un procès commercial, alors qu'il est certain qu'il s'agissait d'empêcher Cornélius Herz de faire, sous couleur d'un procès à M. de Reinach, des déclarations ou des révélations qu'on croyait redoutables.

Permettez-moi d'ajouter ceci : de quoi se défendent ces trois personnages? M. de Lesseps a dit : « J'avais déclaré nettement à M. de Reinach qu'il n'aurait jamais de moi plus de 3 millions et demi; j'estimais que c'était reconnaître suffisamment tous les services financiers qu'il avait pu rendre à la Compagnie. Sur l'invitation qui m'a été adressée, en même temps que sur les conseils que j'ai reçus, conseils auxquels il m'a semblé qu'il était de mon devoir de déférer, — car les grands doivent savoir que l'expression de leurs désirs équivaut à des ordres — j'ai, sur les fonds que le Conseil d'administration avait mis à ma disposition pour tous les besoins de l'émission, pris la somme de 1.550.000 francs que j'ai donnée à M. de Reinach ». Nos hommes politiques s'en effraient aujourd'hui et disent : « Non, ce n'est pas à notre prière, ce n'est pas sur notre invitation que la somme a été augmentée. » J'entends bien qu'après coup, la chose connue, il leur soit pénible de reconnaître que leur intervention a entraîné cette conséquence ; je l'entends à merveille, mais ce n'est pas une raison pour la méconnaître, et je leur dis : dans quel but interveniez-vous donc? Vous imaginiez-vous que votre intervention n'aurait aucun effet? Pourquoi MM. Clémenceau et Ranc ont-ils prié M. de Freycinet d'intervenir, pourquoi M. de Freycinet est-il intervenu lui-même? Précisément en raison des relations amicales qu'il avait avec M. de Lesseps et de la haute position qu'il occupait. Donc il a pensé que M. de Lesseps déférerait dans la mesure du possible à ses conseils. Et comment peuvent-ils s'étonner que leur intervention ait produit précisément l'effet qu'ils en attendaient et qu'elle ait atteint le but qu'ils poursuivaient? J'ose dire, Messieurs, qu'ici la démonstration est faite, absolument faite.

Remarquez bien d'ailleurs que cela n'a en réalité aucun rapport direct avec le procès de corruption. M. de Lesseps n'a été mis en demeure d'expliquer ces payements, et son défenseur ne se trouve obligé de les justifier que pour répondre à la question posée par le juge d'instruction : « Ce n'est pas seulement une somme de 3 millions et demi que vous avez versée; pourquoi avez-vous ajouté 1.550.000 francs? »

Mais il importe de remarquer que les 1.550.000 fr. n'ont pu servir à corrompre personne, puisqu'à ce moment, 16 juillet 1888, la loi était votée, l'émission était faite, et que par conséquent on n'avait plus affaire au Parlement.

Donc M. de Reinach a touché ces 4.900.000 francs à la date du 16 juillet 1888. M. Cornélius Herz l'apprend : il réclame et ici nous allons trouver des lettres de M. de Reinach à M. Chabert, secrétaire du docteur Cornélius Herz, lettres qui figurent au dossier de l'instruction.

Le 21 juillet, à Chabert :

Je vous répète que M. de Lesseps ne m'a pas donné un centime pour M. Herz...

Il m'a même dit que je devais être associé du docteur Herz pour vouloir lui prendre la somme que le docteur réclame. Vous voyez les agréments que cette affaire m'a donnés.

En chiffres ronds voici la situation :

J'ai reçu de Charles de Lesseps..................Fr.	4.900.000
J'ai effectivement dépensé........................	3.300.000
Il me restait........................	1.600.000

Or, si le docteur touche 5.500.000 francs, j'aurai donné de ma poche 4.900.000, francs ce qui avec les 1.600.000 francs, forme bien les 6.500.000 francs ci-haut. Vous voyez donc que M. Charles de Lesseps ne m'a rien donné pour le docteur Herz.

Vous voyez combien M. de Reinach avait le mensonge audacieux, car le 24 juillet il avait écrit à M. de Lesseps :

« J'ai donné 4 millions de ma poche. »

Il mentait, et il voulait les arracher à M. de Lesseps, pour satisfaire Cornéliuz Herz.

Ainsi les négociations se suivent entre M. de Reinach et M. Herz, en dehors de M. de Lesseps, qui reste inflexible dans la détermination de ne rien accorder à M. de Reinach.

Et c'est là le corrupteur! C'est cet homme qui défend sa caisse avec une telle énergie, qui résiste à la pression qu'on veut exercer sur lui, c'est lui qui sera le corrupteur ? Est-ce possible et à quel point de vue se place-t-on pour le soutenir ?

Je tirerai la même preuve des deux visites postérieures faites par M. de Lesseps à M. Clémenceau et à M. Floquet, et dans lesquelles ces deux personnages, l'ont également engagé à donner quelques satisfactions à M. de Reinach. Les visites et le langage tenu sont reconnus par les témoins, et ce qu'il suffit de noter c'est que M. de Lesseps accueillait ces ouvertures avec une irritation croissante dont les deux témoins ont déposé, et qu'il a refusé de faire un nouveau sacrifice. Je dois même rappeler que M. Floquet, approuvant la résolution de M. de Lesseps, lui a dit avec un geste énergique : « A votre place, je ferais comme vous. »

Tout est ici d'une correction parfaite et il ne saurait être question de corruption. La situation, très claire maintenant, est bien celle-ci :

Herz, maître, je ne sais comment, de secrets qui pouvaient compromettre des hommes considérables, leurs amis et leur parti, a voulu tirer de l'argent non pas d'eux-mêmes, mais de M. de Reinach. De son côté, de Reinach, déjà ruiné, cherche à tirer de la caisse de Panama de quoi assouvir l'impitoyable avidité du docteur. De là, l'intervention au moins fort indiscrète des hommes politiques. Que peut-on reprocher à M. de Lesseps ?

J'ai encore à vous dire un mot sur l'autre visite que M. de Lesseps a faite à M. Floquet. Je n'ai d'autre intérêt ici que de marquer d'un trait vif et définitif, je l'espère, la sincérité absolue des déclarations de M. de Lesseps.

Vous vous rappelez le récit qu'il vous en a fait. Il vous a dit : « M. Floquet m'a fait prier de passer au ministère. J'y suis allé et il m'a fait savoir que les nécessités de la campagne contre le boulangisme étaient très grandes et qu'il serait reconnaissant si je pouvais, à l'occasion des dépenses considérables qui allaient être faites pour l'émission des obligations à lots, mettre à la disposition du gouvernement une somme de 300.000 francs dont il m'indiquerait ultérieurement les destinataires ». M. de Lesseps a demandé à M. Floquet : « Me ferez-vous connaître ces destinataires ? » et M. Floquet lui a répondu : « Non, je vous donnerai ces indications par un tiers : Arton. »

M. Floquet nie avec quelque vivacité cette conversation. Il affirme que, ni de près ni de loin, il ne s'est adressé en ces termes à M. de Lesseps, et il a essayé de le démontrer en vous disant : « Pourquoi aurais-je demandé à une caisse particulière de venir en aide aux fonds secrets, alors que les fonds secrets étaient intacts? »

Nous nous en rapportons à la parole du ministre; mais il faut bien croire que, les fonds secrets d'une année peuvent servir à payer les dépenses de l'année suivante, puisque de Reinach a remboursé à M. Vlasto, longtemps après que celui-ci l'avait déboursée, la somme prêtée par M. Vlasto à M. Rouvier l'année précédente. Les faits sur ce point sont établis. Ils ne sont contestés par personne.

Je ferai encore observer au ministre que, même lorsque les fonds secrets sont intacts, ils peuvent être déjà engagés par la destination qu'on a résolu de leur donner. Je ferai encore remarquer au ministre qu'il a insisté sur les énormes dépenses que faisait le boulangisme et que le gouvernement de la République s'était trouvé dans la nécessité d'user des mêmes armes. Ce qui implique dans la pensée du ministre cette idée que le gouvernement avait besoin de ressources extraordinaires pour soutenir la campagne contre le boulangisme.

Ce ne sont pas là les seules objections que je puisse faire au récit de M. Floquet. D'abord pourquoi M. de Lesseps aurait-il dit ces choses si elles n'étaient pas vraies? Personne ne songe à critiquer ces distributions à la presse. On ne critique pas plus cette distribution de 300.000 francs que toutes les autres. Il n'y avait donc aucune raison de faire connaître ces faits à M. le juge d'instruction s'ils n'étaient pas rigoureusement exacts.

Mais à quoi sert-il de les contredire? L'un de mes

adversaires a déjà exposé devant le jury les variations successives du langage de l'ancien ministre. Il a fait ressortir ces prodigieuses différences et comment, après avoir fait des déclarations hautaines et catégoriques, le ministre avait été ensuite amené à donner des explications qui laissaient entrevoir la vérité, puisqu'il avait reconnu qu'il considérait comme un devoir de sa fonction de veiller à la distribution des fonds de publicité du Panama. Cette déclaration était suffisamment transparente et elle n'avait paru équivoque à personne.

Mais on a voulu pousser plus loin la preuve matérielle. M. de Lesseps avait dit : « Comme il y avait là une somme de 300.000 francs qui recevait une destination particulière, j'ai donné l'ordre suivant dans les bureaux : j'ai dit à l'employé chargé de délivrer les chèques sur les fonds de publicité : « Vous ferez à part une réserve de 300.000 francs ; je délivrerai des ordres, et quand sur l'un de ces ordres vous verrez figurer le mot *Faire* par un grand *F*, vous mentionnerez ce chèque sur la réserve spéciale de 300.000 francs. »

Les choses se sont ainsi passées. M. de Lesseps, en laissant à la Compagnie de Panama toutes les pièces de comptabilité, a gardé pour sa décharge personnelle les ordres qu'il avait donnés à la caisse. Et, en effet, tous ces ordres pour la distribution de cette somme de 300.000 francs portent le mot *Faire* avec un grand *F*, et ils représentent ensemble la somme de 300.000 francs.

M. l'Avocat général m'a fait une objection. J'ai remis au jury en même temps que ces ordres spéciaux, tous les autres donnés à la même époque et dont aucun ne porte ce signe de reconnaissance : *Faire*. Or, parmi ces pièces, dit M. l'Avocat général, il y en a une où l'on retrouve l'écriture qu'on ne devrait rencontrer que sur les ordres relatifs aux 300.000 francs.

J'ai été bien surpris de cette objection de M. l'Avocat général, car vous avez pu apprécier à quel point elle est insignifiante. Il y a une pièce, en effet, qui ne porte pas le mot *Faire*, mais seulement un grand *F;* il s'agissait d'une somme attribuée au journal la *France*. Eh bien! comment vouliez-vous que M. de Lesseps s'y prît pour écrire le mot *France?* Il ne pouvait que faire un grand *F*, sachant que le mot *France* ne s'écrit pas avec un *f* minuscule, et je n'ai pas dit que M. de Lesseps ne fît pas tous les grands *F* de la même façon.

Ce n'est pas tout. Vous avez pu remarquer que les ordres ainsi donnés portent tous des numéros à l'encre rouge; ces numéros étaient inscrits sur l'ordre lui-même par l'employé qui le recevait et qui était chargé de délivrer les chèques ; ils correspondent aux chèques délivrés.

Or, sur les talons de ces chèques, l'employé, qui savait non pas la raison des ordres, mais quels étaient les ordres, a mis à l'encre rouge : « Sur la réserve spéciale de 300.000 francs. »

Ces chèques sont au dossier. Ils figurent à l'instruction, et MM. les jurés pourront les voir.

Le fait n'est plus douteux, la preuve est faite, et je désespérerais de prouver quelque chose si je n'avais pas ici démontré que c'est M. de Lesseps qui se souvient et que c'est M. Floquet qui ne se souvient pas.

Voilà les explications que j'avais à donner, en ce qui concerne ces faits. Je ne crois pas qu'il soit bien nécessaire de m'expliquer sur l'imputation dont j'ai été l'objet, d'avoir fait publier ces interrogatoires dans un journal. Il me suffit d'abord de dire, en ce qui me concerne, que cela n'est pas exact et que le journal visé m'en a spontanément et dès le soir même envoyé la déclaration écrite. Maintenant, et puisque vous faites partie en ce moment de la famille judiciaire, laissez-moi vous donner quelques explications sur de semblables publications.

Vous vous rappelez que dès le début de cette affaire l'acte d'accusation a été publié par toute la presse, fait fort grave pour les accusés, puisqu'il les plaçait pour trois semaines sous les foudres écrites par M. le procureur général. Il ne nous est pas même venu à la pensée d'imputer cette publication à nos adversaires. Ensuite les interrogatoires de MM. Floquet, Clémenceau et de Freycinet ont été publiés. A qui cette publication a-t-elle servi? Elle a servi aux témoins qui ont pu préparer à loisir leurs dépositions. Enfin, la dépêche de juillet 1888 a été également publiée et c'est une des armes du ministère public. Tout cela vient de ce que ces documents ont passé dans une foule de mains, et n'oubliez pas que tout ce travail s'exécute sous les yeux de journalistes curieux, indiscrets par profession, qui bourdonnent autour de nous, comme des abeilles autour de leur ruche, quand le temps est à l'orage. Tout cela est puéril, et sans intérêt au procès.

Enfin il n'est pas possible d'oublier que la Chambre et le ministère lui-même ont reconnu la véracité absolue du récit de M. de Lesseps. MM. de Freycinet, Rouvier et Floquet ont été, l'un après l'autre, victimes... de leurs mauvaises connaissances.

Personne d'ailleurs n'a oublié le discours prononcé par M. Rouvier dans la séance du 20 décembre 1892.

Eh bien, oui, j'ai été le chef du gouvernement et je n'ai pas trouvé dans les moyens que les chambres mettent à la disposition de ceux qui ont l'honneur de diriger les affaires publiques, dans les temps difficiles que j'ai traversés, alors que je luttais sans méconnaître qu'il y allait de ma liberté et peut-être de ma vie, je n'ai pas trouvé, dis-je, les ressources financières nécessaires pour conduire cette œuvre. Et on apprend aujourd'hui, paraît-il, à ce pays — on le sait partout ailleurs — qu'à côté des hommes politiques il y a des financiers qui quelquefois donnent leurs concours quand cela est nécessaire pour la défense du gouvernement.

Oui, je n'ai pas trouvé dans les fonds secrets, pour les appeler par leur nom, les ressources dont j'avais besoin, et j'ai fait appel à la bourse de mes amis. On accuse quelquefois les hommes politiques d'avoir emporté les fonds secrets; eh bien! vous voyez devant vous un homme qui non seulement ne les a pas emportés, mais qui a emprunté à ses amis pour faire face à l'insuffisance de ces fonds.

Voilà qui contredit étrangement l'affirmation que nous avons entendue à la barre, que les fonds secrets suffisaient largement aux besoins gouvernementaux.

Puis M. Rouvier continue :

« Si vous voulez effacer tout cela, en ce jour, effacez-le! Mais laissez-moi vous dire la vérité tout entière, sans réticences, parce que je ne veux pas qu'aucune souillure puisse m'atteindre : ce que j'ai fait, tous les hommes politiques dignes de ce nom l'ont fait avant moi.

Oui, dans tous les pays, dans tous les temps, tous les hommes politiques ont fait avec le concours d'amis, qui assurément ne rendaient pas un service inavouable, les opérations qui sont nécessaires quand on traverse des temps difficiles.

Quant à ceux qui m'interrompent — j'ignore qui ils sont — s'ils avaient été autrement défendus et servis, peut-être ne seraient-ils pas sur ces bancs à l'heure qu'il est.

Faut-il ajouter un dernier document? ce sera le texte de l'arrêt qui a dégradé Cornélius Herz de l'ordre de la Légion d'honneur ; écoutez-le :

Au cours de l'instruction suivie contre M. de Lesseps, Fontane et autres, sous l'inculpation de corruption de fonctionnaires publics, le docteur Herz, grand-officier de la Légion d'honneur, a été signalé comme ayant reçu, par l'intermédiaire de M. le baron de Reinach, des sommes considérables provenant de la Compagnie du canal interocéanique de Panama, sans qu'il apparaisse qu il ait rendu à cette Compagnie aucun service appréciable en échange de ces libéralités. Ces sommes dépasseraient le chiffre de deux millions. Le départ furtif de ce dignitaire de la Légion d'honneur pour l'étranger, après le décès du baron de Reinach, accusait à lui seul le caractère suspect de leurs relations et des opérations qui avaient pu être traitées entre eux...

Et le conseil de l'ordre de la Légion d'honneur prend cette décision :

Sur la proposition du grand chancelier de la Légion d'honneur;

Considérant que la correspondance échangée entre M. Cornélius Herz et le sieur de Reinach en 1888 fournit la preuve de manœuvres et de pression violentes exercées par le sieur Cornélius Herz en vue d'arracher le payement de sommes considérables, et qu'aucune justification n'a été produite à l'appui des prétendues créances du sieur Cornélius Herz ;

Qu'il y a dans ces manœuvres et cette pression un fait portant atteinte à l'honneur;

Vu... le sieur Cornélius Herz ci-dessus qualifié est rayé, pour fait portant atteinte à l'honneur, des matricules de l'ordre national de la Légion d'honneur.

Or, ces lettres auxquelles a fait allusion M. le juge d'instruction, et sur lesquelles se fonde le conseil de la Légion d'honneur pour dégrader cet indigne personnage ces lettres figurent au dossier. Elles sont de la fin de l'année 1888 ; et l'attitude de ces deux hommes l'un vis-à-vis de l'autre est nettement marquée par leur correspondance.

Voici une lettre du 28 novembre 1888, adressée par M. de Reinach à Chabert, secrétaire de Herz :

Je déposerai aussi au Parquet toutes les lettres et les dépêches que je possède du docteur Herz, qui font voir de quels moyens d'intimidation il se servait pour arriver à son but. On saura ainsi en France, en Allemagne, en Italie, en Suisse, aux Etats-Unis et ailleurs de quelle manière le docteur Herz s'y prend pour gagner de l'argent. Je n'ai jamais profité d'un centime de toutes ces sommes, j'ai les mains nettes.

Personne ne le croira.

... Que le docteur Hertz et ceux qui ont profité de cet argent mal acquis se le tiennent pour dit. Je refuse toute communication, soit verbale, soit écrite, et je refuse toutes entrevues avec qui que ce soit. Je regrette bien d'avoir à vous faire cette communication, etc...

Ainsi de Reinach ne songe qu'à résister à Cornélius Herz, et non pas à faire un procès à la Compagnie de Panama.

L'arrêt qui dégrade Cornélius Herz, si grave pour tous ceux qui l'ont nommé, détruit l'argumentation du ministère public, car il établit que les fonds versés à de Reinach passaient aux mains de Cornélius Herz qui n'était pas un fonctionnaire public.

Et que les grands personnages politiques qui ont comparu à cette barre me permettent de le leur dire : La France, je ne dis pas la Chambre, mais la France leur aurait peut-être plus aisément pardonné ces pratiques incorrectes et ces excès de pouvoir que le malheur des temps pouvait excuser, qu'elle ne leur pardonnera les dénégations puériles et les réponses équivoques sous lesquelles ils essaient d'accabler le malheureux qu'ils ont compromis. Car s'il y a un sentiment vivace dans notre pays, c'est le sentiment de la franchise et de l'honneur, et à ce point de vue, si grave devant un jury, je ne crains, pour M. de Lesseps, la comparaison avec personne.

Enfin ce qui achève de prouver que le ministère n'a pas un instant douté de la véracité des déclarations de M. de Lesseps, c'est l'inquiétude qu'elles lui ont causée, établie par les faits relatifs à Mme Cottu.

Permettez-moi d'examiner ces faits sans passion et sans chercher le moins du monde à étendre les responsabilités. Nous sommes dans un temps où tout le monde parle un peu sans réfléchir, sauf ensuite à se repentir d'avoir trop parlé. Tâchons de ne pas le faire ici ; quant à moi, ce n'est pas mon habitude, et je suis trop vieux maintenant pour en changer.

Il est vrai que M. l'Avocat générale vous a dit : « Je ne vous parlerai pas de ces faits, parce que cet incident a reçu sa solution ailleurs. » J'avoue que cette déclaration de M. l'Avocat général m'a ouvert des horizons infinis, mais en même temps elle m'a rempli d'une profonde tristesse.

Quoi donc ! Les pouvoirs politiques, qui ne se déterminent que par la passion et les intérêts de parti, pourraient s'emparer, au cours d'un procès, d'une déposition reçue devant la Cour d'assises ! Ils pourraient s'en faire juges, sans avoir entendu les témoins, sans pouvoir apprécier la valeur des témoignages ! Et, après une discussion confuse souvent inspirée par des sentiments indignes de la justice, leur solution s'imposerait aux juges ! M. l'Avocat général vous a dit que la justice et la politique n'étaient pas sœurs. Je ne sais pas au juste s'il y a entre elles un lien de parenté ; mais ce que je sais bien, c'est qu'elles sont toujours ennemies ; parce que la justice ne cherche que la vérité sans souci du pouvoir, tandis que la politique ne cherche que le pouvoir, sans souci de la vérité. (*Marques d'approbation.*)

Et, permettez-moi cette observation. S'il était possible que l'appréciation des faits révélés par un témoignage devant la Cour d'assises, reçût des pouvoirs politiques une solution qui s'imposât au pouvoir judiciaire, il serait vrai de dire que les pouvoirs politiques, qui s'arrogeraient ainsi le droit d'apprécier un témoignage, pourraient le lendemain se croire le droit de juger un accusé. J'ajoute que s'il en était ainsi, nous glisserions bien vite sur la pente la plus fatale où puisse être entraîné un grand peuple, celle qui conduit à la plus effroyable des dictatures, la dictature de la multitude. Comme citoyen et comme avocat, je ne saurais assez fortement protester contre une théorie qui, j'en suis certain, n'est pas conforme à la pensée de M. l'Avocat-général, mais qui serait cependant la conséquence naturelle de la façon dont il envisage cet incident.

Dès lors, laissant à la politique ses discussions et ses votes, lui laissant ses appréciations — dont elle est maîtresse responsable, — je vous dis, Messieurs les jurés, que, magistrats temporaires, vous êtes cependant des magistrats, et qu'en dehors de l'indépendance absolue du pouvoir judiciaire, il n'y a ni sûreté, ni liberté pour les citoyens. Cette indépendance repose pendant quinze jours entre vos mains, et votre verdict montrera que vous avez le sentiment de la responsabilité que cet honneur vous impose.

Examinons donc les choses sans passion, telles qu'elles sont, telles qu'elles résultent des témoignages.

Nous n'avons pas du tout songé à renverser le ministère ; nous ne cherchons ni les uns ni les autres des portefeuilles, et le prix qu'il faut payer pour les obtenir ou pour les conserver ne nous portera pas à changer de sentiment. Par conséquent, c'est sans aucune préoccupation politique, uniquement inspirés par la nécessité de faire devant le jury une démonstration complète, que nous avons cru utile de vous faire savoir ce qui s'était passé à cette époque.

Pourquoi? Parce qu'un des points de la démonstration que je poursuis, — je vous l'ai annoncé dans les premières paroles que j'ai prononcées, — consiste à prouver que ce procès a en réalité un caractère tout politique, qu'il est fait par des hommes politiques, dans un intérêt de parti. Dès lors, lorsque certaines circonstances nous permettent de montrer le pouvoir politique se superposant hardiment au pouvoir judiciaire, organisant une recherche de police à côté de l'instruction elle-même, nous saisissons sur le vif la trace des préoccupations qui ont inspiré la poursuite.

Nous avons donc un intérêt considérable à vous faire connaître la vérité sur ce point; toute la question est de savoir si c'est bien la vérité que vous avez entendue.

Or, toutes les contradictions du monde n'empêcheront pas les choses d'être ce qu'elles sont. Le 28 décembre M. Charles de Lesseps a fait connaître à l'instruction les visites qu'il avait faites à MM. Floquet, Clémenceau et de Freycinet. Écoutons Mme Cottu.

Mon mari s'est constitué prisonnier le 20 décembre. Sept ou huit jours après, M. Berton, secrétaire de mon mari, est venu me dire qu'un M. Goliard lui avait dit que le gouvernement, très ennuyé de la tournure que prenait le procès de corruption, désirait arriver à un arrangement avec les administrateurs, MM. Charles de Lesseps, Fontane et Cottu, pour arriver à étouffer l'affaire.

30 décembre, interrogatoire de M. Cottu:

Il paraît, dit le juge d'instruction à M. Cottu qui est au secret, il paraît résulter des renseignements que vous auriez connu des distributions d'argent faites à des membres du Parlement, notamment à des députés de la droite.

Or, s'il est permis de tirer des conséquences des coïncidences, il faut avouer qu'il y en a ici de redoutables et que cette préoccupation qui se manifeste à la fois du côté de la Sûreté générale et du côté de l'instruction judiciaire, est bien faite pour laisser voir la pensée des hommes qui ont entre les mains le pouvoir.

Cela était déjà fort extraordinaire; mais voici qui va l'être davantage. Que se passe-t-il dans l'entrevue qui a lieu entre Mme Cottu et M. Soinoury? On dit à Mme Cottu : Ah! Madame, tout cela c'est peut-être un peu tard... — Pourquoi, Monsieur? — Mais, Madame, parce que M. de Lesseps a parlé... D'abord il y a eu l'arrestation de M. Blondin... — Je ne connaissais pas M. Blondin, ajoute Mme Cottu, je ne savais pas ce que cela voulait dire, j'avais vu son arrestation dans les journaux..

Considérez, Messieurs les jurés, que nous, nous savons maintenant ce qui s'est passé, que le secret de l'instruction n'existe plus pour nous; mais à ce moment, MM. de Lesseps, Fontane et Cottu étaient au secret, et par suite leurs femmes ne pouvaient pas savoir ce qui résultait des interrogatoires qu'on leur faisait subir.

« Et puis, ajoute M. Soinoury, selon la déposition de Mme Cottu, M. de Lesseps a parlé, il a trop parlé, il en a dit même plus qu'on ne lui en demandait. »

Messieurs, si jamais on écrit l'histoire de ce procès, voici l'épigraphe qu'on devra lui donner : « M. de Lesseps a trop parlé, il en a dit même plus qu'on ne lui en demandait. » De là les haines!

J'ai trouvé la chose étrange, continue Mme Cottu ; je lui ai dit : Cependant, Monsieur, s'il en est ainsi, je ne comprends pas. — Mais enfin, madame, si vous avez des pièces compromettantes, quelque chose de tangible que je puisse montrer au ministre... — Monsieur, je ne sais pas du tout si ces messieurs ou leurs amis ont des pièces compromettantes, je n'en sais rien ; mais s'ils en ont, pourquoi s'en déferaient-ils ? Les ministères durent peu, ils changent souvent, et bien souvent l'un refait ce que l'autre a défait, nous sommes payés pour le savoir.

Dans ces conditions, si ces messieurs avaient quelque chose, pourquoi voulez-vous qu'ils vous le donnent?

Mais enfin, madame, s'il y avait une pièce compromettant quelqu'un de la droite, vous comprenez l'importance énorme que cela aurait pour le gouvernement. — Monsieur, je ne sais pas, je le répète, si ces messieurs ont ou n'ont pas de documents compromettants pour qui que ce soit, je l'ignore. — Mais enfin une copie, madame, une copie que vous me remettriez à moi, M. Soinoury. — Non, monsieur, pas même de copie, car M. le directeur de la Sûreté n'oublierait pas ce qu'aurait vu M. Soinoury.

Il a cherché plusieurs fois à me faire parler, cet entretien a duré une heure quarante.

Voilà en substance la déposition de Mme Cottu. La loi criminelle a voulu que l'instruction fût toujours orale, par une raison très profonde et très philosophique. Elle a voulu que le jury, composé d'hommes intelligents comme vous, pût voir en face les témoins. Rien ne vaut, en effet, la vue du témoin, sa voix, son attitude, parce que de là on peut conclure plus aisément que de toute autre présomption à sa sincérité. Or, malgré la gravité de ses déclarations, s'est-il élevé dans votre pensée, Messieurs les jurés, le moindre doute sur la parfaite sincérité de Mme Cottu ? non, pas un seul ! Et nous allons voir que son témoignage n'a pas sérieusement été contredit.

Ainsi la négociation s'engage au moment où M. Ch. de Lesseps avait dénoncé trois personnes qui tiennent, à la gauche de la Chambre ou du Sénat, une place considérable; et du même coup, voilà le directeur de la Sûreté générale qui cherche à savoir si par hasard M. Cottu n'aurait pas, soit par ses déclarations, soit par les pièces qu'il pourrait livrer, le moyen de compromettre quelqu'un appartenant à une fraction différente de la Chambre, à la droite! J'admire cette expression, la droite! Est-ce une expression politique ou une expression juridique? La corruption est-elle différente, suivant que le corrupteur s'adresse à tel ou tel parti politique? Le Code ne distingue pas entre les gens de la droite et ceux de la gauche. Ce sont les directeurs de la Sûreté générale qui distinguent entre les amis du gouvernement et ceux qui ne le sont pas.

Qui a contesté cette déclaration de Mme Cottu? Dès le lundi, on avait apporté à la Chambre un récit falsifié de l'interrogatoire subi par Goliard, récit dans lequel on faisait dire à celui-ci qu'il était venu chez le défenseur de M. de Lesseps pour arrêter avec lui et avec Mme Cottu les termes dans lesquels Mme Cottu devait faire sa déclaration à l'audience. Dès le lendemain, il a fallu reconnaître que ce texte était faux.

C'était déjà fort grave. Mais il est toujours difficile d'amener les hommes à reconnaître leur erreur, surtout quand ils ont intérêt à y persévérer. Aussi, le lendemain, a-t-on dit que le récit avait été concerté. Concerté! ce mot appartient à la langue un peu louche et singulièrement équivoque que parle la politique et qu'elle a intérêt à parler, parce que les mots équivoques permettent à des gens d'opinions opposées d'applaudir dans certains cas les même discours et de confondre leurs bulletins dans l'urne.

Mais il faut sortir de la politique et de l'enceinte de la Chambre et tenir ici un langage net et catégorique, dissiper toute équivoque, sous peine de compromettre l'honneur des personnes. On parle d'un témoignage concerté. Si l'on a voulu dire simplement que les défenseurs de MM. Cottu, Fontane et de Lesseps connaissaient les faits qui s'étaient passés entre Mme Cottu et M. Soinoury, on a dit une naïveté. Oui, Mme Cottu en avait fait le récit au défenseur de son mari, au moment même où le fait s'est produit. Pourquoi n'avons-nous pas invoqué le témoignage de Mme Cottu lors du premier procès ? Par une raison bien simple : c'est qu'il n'y avait qu'un rapport très éloigné entre les négociations suivies par M. Soinoury avec Mme Cottu, et la question de savoir si le canal de Panama devait être à niveau ou à écluses. On aurait pu dire à ce moment que nous cherchions à faire une diversion politique sans aucun rapport avec le procès. La situation est toute différente dans le procès actuel. Mais de ce qu'un plaideur appelle un témoin à l'audience, il ne s'ensuit pas qu'on puisse contester la véracité du témoignage fait sous la foi du serment.

A-t-on voulu dire autre chose? A-t-on voulu dire que le témoignage avait été préparé, arrangé, disons le mot, falsifié? Si c'est là ce qu'on a voulu dire, on a dit simplement une infamie. Je reconnais que dans les Chambres on n'a pas tenu ce langage, mais je suis obligé de constater qu'il a été tenu par les journaux du gouvernement. Je ne m'en préoccuperais pas si vous n'étiez exposés à les lire.

Ces journaux ne craignent pas d'imprimer que le récit a été falsifié de toutes pièces par Mme Cottu et par le défenseur de M. Ch. de Lesseps.

Je n'ai pas besoin de dire que je suis profondément indifférent à ces injures. Les injures suivent la loi des corps physiques, elles ne prennent de poids qu'à proportion de la hauteur d'où elles tombent. Celles-ci me sont donc absolument indifférentes et je ne m'en préoccupe qu'à raison de l'effet qu'elles pourraient avoir sur l'opinion du jury.

Or, tout cela est tout simplement abominable; ce sont des récits mercenaires, des injures vénales vomies par les journaux qui trahissent ainsi peut-être les sentiments de ceux qui les inspirent et qui les paient. C'est en faire suffisante justice que de les exposer à la lumière.

Non, ce récit n'a pas été concerté. Il l'a été si peu que je reproduis à dessein devant le jury les termes mêmes dans lesquels Mme Cottu a raconté la visite que Goliard lui aurait faite. C'est moi-même qui ai prié M. le Président de faire rappeler Mme Cottu, parce que je trouvais dans la déposition de cet homme à face luisante, à lunettes de couleur, dissimulant mal par un rire niais l'embarras cruel dans lequel il était entre Mme Cottu et son chef hiérarchique, je trouvais dans la déposition de cet homme quelque chose de louche que je tenais à éclaircir. J'ai donc demandé à M. le Président de vouloir bien rappeler Mme Cottu :

M. LE PRÉSIDENT (à Mme Cottu). — Vous avez entendu peut-être la question que Me Barboux désire vous voir poser? Vous avez entendu M. Goliard parler d'une réunion, d'une conférence qui aurait eu lieu entre lui personnellement et vous pour arrêter ce qu'il a appelé les préliminaires de l'incident... Vous avez entendu cette partie de la déposition de M. Goliard?

Mme COTTU. — Oui, monsieur le Président, je l'ai entendue.

D. — Voulez-vous vous expliquer sur ce point?

Mme COTTU. — Parfaitement, monsieur le Président. Quand il a été décidé que je devrais témoigner à la Cour d'assises sur les incidents sur lesquels j'ai déjà témoigné, comme je n'avais plus très présentes à l'esprit, à la suite de toutes les épreuves que je venais de traverser, toutes les dates et les quelques négociations qui avaient été faites par M. Goliard lui-même et qu'il m'avait présentées, comme je ne voulais dire qu'absolument ce qui était la pure expression de la vérité, le jour où je serais appelée à témoigner, j'avais dit à M. Goliard de venir chez moi afin de me donner ces quelques renseignements, car il avait pris des notes là-dessus d'une façon particulière. Je lui ai demandé cela.

Il m'a demandé que son nom ne fût pas prononcé. Je lui ai dit alors — je ne savais pas du tout comment les choses se passaient en Cour d'assises, je n'avais jamais été témoin de ma vie — je lui ai dit : S'il est possible de taire votre nom, je ne vois pas pourquoi je ne le ferais pas, mais s'il faut le dire, je le dirai, voilà tout.

Le témoignage aurait été concerté entre Goliard et Mme Cottu! Cela serait à merveille s'il n'était pas aujourd'hui bien établi que Goliard était l'agent de M. Soinoury. Qu'il ait été inspiré par le directeur de la Sûreté générale, par M. Paron ou par M. Nicole, peu importe. C'est un agent de la police! Si dans son entrevue avec Mme Cottu il a pu modifier les souvenirs de celle-ci, ce n'est assurément pas dans un sens défavorable à ceux dont il était l'agent.

Y a-t-il un doute sur le rôle qu'il a joué? Non, à coup sûr, si l'on se rappelle l'attitude qu'il a eue, son amitié avec M. Paron, si l'on se souvient qu'il s'est attaché aux pas du secrétaire de M. Cottu, qu'il l'a suivi à Lyon pendant plusieurs jours et que, lorsqu'on lui a demandé ce qu'il était allé faire à Lyon, il a répondu : « J'y suis allé dessiner un plafond. » Chez qui? — « Chez M. un tel, — telle rue. » Or, la dépêche transmise de Lyon a fait connaître que cette personne n'existait pas.

Il est donc établi que Goliard était un agent de la Sûreté, chargé de négocier avec Mme Cottu.

Le témoignage de celle-ci a-t-il été sérieusement contesté? Par qui pouvait-t-il l'être? Il n'a pas été contesté par Goliard. Il n'a pas osé dire qu'il eût parlé en son nom à Mme Cottu. Elle affirme le contraire, elle a même ajouté, car elle se défiait des allures équivoques de ce mandataire, qu'elle avait acheté la photographie d'un ministre pour être bien sûre qu'on ne la mettrait pas en présence d'une personne différente de celle dont on lui avait parlé. Par conséquent, du côté de Goliard, pas de démenti.

Est-ce M. Soinoury qui peut parler de dépositions concertées?

Ah! Messieurs, si j'avais pour habitude d'aller au delà des choses démontrées, je vous rappellerais les deux attitudes de M. Soinoury le samedi et le lundi. M. Soinoury a essayé de justifier ce changement en disant : « Je ne savais pas, le samedi, qu'on avait parlé du ministre. » Il ne s'agit pas de ministre! Dès le samedi, il avait au contraire parfaitement dégagé le ministre. D'ailleurs, Mme Cottu n'avait pas dit qu'elle avait vu le ministre, mais qu'on lui avait annoncé qu'il faudrait peut-être qu'elle vît le directeur de la Sûreté générale avant de voir le ministre. Ecoutons plutôt les deux déclarations de M. Soinoury. Voici la première, celle du samedi :

Il est d'ailleurs un point contre lequel je proteste avec la dernière énergie encore, c'est d'avoir mêlé le ministère ou un ministre quelconque à l'affaire.

Pourquoi a-t-il osé dire, le lundi qu'il avait oublié de dégager son supérieur le samedi? Il l'avait parfaitement dégagé :

... Je me rappelle, au contraire, avoir dit à Mme Cottu que nous causions, moi avec elle, en mon nom personnel, que ce n'était même pas le directeur de la Sûreté générale qui lui parlait; c'était l'homme et pas autre chose.

En un mot il causait comme un homme du monde cause avec une femme bien élevée.

Voici maintenant la déclaration du lundi :

J'ai essayé d'obtenir un certain nombre d'éclaircissements qu'il était de mon droit et de mon devoir absolu de rechercher comme chef de la Sûreté. Puisque je me trouvais, par suite des circonstances, causer avec une personne qui possédait des secrets importants, il était, je le repète, non seulement de mon droit, mais de mon devoir de chef de la Sûreté de chercher à m'éclairer à ce sujet. Je le dis hautement et j'en revendique la responsabilité... J'ajoute, cependant, que si j'avais usé des procédés qu'on m'a reprochés, soit intimidation, soit promesses ou menaces, j'aurais dépassé mon devoir, mais j'ai simplement essayé, comme je pouvais le faire, de savoir quelque chose. Je déclare que j'ai bien fait.

Mais l'homme du monde, qu'est-il donc devenu ? Visible le samedi, il a disparu le lundi pour faire place au directeur de la Sûreté générale. Par une coïncidence fâcheuse, ces deux personnes s'appellent également M. Soinoury. (*On rit.*)

Entendons-nous bien : jamais Mme Cottu n'a dit qu'on eût usé de menaces envers elle, mais elle a dit qu'on avait usé de promesses. Que lui répond-on? « Je n'ai usé vis-à-vis de vous ni d'intimidations ni de menaces »; on n'ose pas dire qu'on n'ait pas usé de promesses. Et d'ailleurs, si l'on ne prend aucun moyen pour avoir ce qu'on désire, on est certain de ne pas l'obtenir. Il faut promettre quelque chose en échange de ce qu'on demande.

Qu'a-t-on promis? Comme le directeur de la Sûreté générale est un homme fort intelligent, il a bien compris que cette question serait posée et il répond : « Ce que j'avais promis à Mme Cottu, c'était la permission de communiquer avec son mari. » Réponse admirable !

Mme Cottu voyait son mari tous les jours chez M. Franqueville. De plus, ce n'est pas seulement la permission de communiquer avec son mari qu'on lui offre, mais la permission de communiquer avec M. Charles de Lesseps et avec M. Fontane. Mais, loin de vouloir accepter ces offres, Mme Cottu les a refusées. Par conséquent il est clair qu'elle ne les avait pas demandées. Et quand on a osé affirmer qu'elle avait sollicité une audience, on a dit le contraire de ce qui a été établi à l'audience. C'est le contraire qui a été démontré. Il est évident que l'initiative n'est pas venue de Mme Cottu.

Voyons maintenant de qui elle est venue.

La déclaration de Mme Cottu n'avait compromis aucun ministre. Cependant ils se sont défendus tous les trois, chacun selon son tempérament, l'un avec vivacité, l'autre avec émotion, le troisième enfin par le silence.

De quoi se sont-ils défendus? D'avoir donné au directeur de la Sûreté générale l'ordre d'engager une négociation semblable. Leur parole à cet égard suffit. Mais la question n'est pas là. Quand un particulier traite une question grave avec un fonctionnaire qui est le bras droit d'un ministre, croyez-vous qu'il suffira au ministre de désavouer son mandataire et de dire : Cela ne me regarde pas? Cela est inadmissible; d'autant plus que les supérieurs de M. Soinoury n'ont pas pris dès le début une attitude conforme à leur déclaration.

Le lendemain ou le surlendemain du jour où Mme Cottu avait fait venir Goliard, pour fixer d'une façon plus précise ses souvenirs sur certains points et sur certaines dates, le journal la *Libre Parole* a publié un article dans lequel les faits étaient racontés. Je pourrais dire tout de suite qui a porté cet article à la *Libre Parole ;* je n'ai pas besoin de le rechercher, nous pouvons être sûrs que ce n'est pas Mme Cottu. Cet article avait en tout cas ému — et justement ému — les ministres qui l'ont lu. Ils démentent les faits et voici dans quels termes :

Un journal du matin raconte que le directeur de la Sûreté générale aurait été chargé par M. le ministre de la justice de faire certaines promesses à Mme Cottu.

Nous sommes autorisés a déclarer que ni M. Bourgeois, garde des sceaux, ni M. Loubet, ministre de l'intérieur, n'ont jamais donné au directeur de la Sûreté générale aucune mission de ce genre. Mme Cottu, il est vrai, s'est rendue au ministère de l'intérieur, dans le courant de décembre dernier, pour solliciter du directeur de la Sûreté certaines facilités de communication avec son mari.

Je fais ici appel aux souvenirs de Messieurs les jurés. J'ai fort embarrassé M. Bourgeois lorsque je lui ai demandé de quel ministère émanait ce désaveu. Il a dit que la première partie seule de la note émanait de son ministère. Soit, je l'accorde. Mais je suis obligé de constater que la seconde partie du communiqué contient deux contre-vérités : d'abord la visite que Mme Cottu a faite à M. Soinoury est placée en décembre, alors qu'elle a eu lieu le 7 janvier. Ensuite, il est absolument faux que Mme Cottu ait demandé une entrevue pour obtenir le permis de communiquer avec son mari. A qui donnera-t-on à penser que cette note, transmise à tous les journaux, ne soit pas venue à la connaissance de M. Soinoury? De deux choses l'une : ou il a dit la vérité au ministre, et alors le communiqué ne se comprend pas ; ou il ne l'a pas dite, et ce n'est pas à moi qu'il appartient d'en tirer les conséquences.

Ce n'est pas tout. Nouvel avis le 1er mars, alors que le démenti est du 27 février :

M. Ribot, président du conseil, ministre de l'intérieur, s'est ému des attaques dirigées ces jours-ci contre M. Soinoury, directeur de la Sûreté générale, et il a pris la résolution de lui donner un remplaçant à la direction de la Sûreté générale.

Pourquoi donner un remplaçant au directeur de la Sûreté s'il s'est borné à recevoir la visite d'une femme malheureuse qui lui demandait la permission de communiquer avec son mari et à lui dire simplement : « Madame, quand un accusé est entre les mains du juge d'instruction, le droit de visite ne peut être donné que par celui-ci et il serait illégal que le directeur de la Sûreté générale intervînt en faisant délivrer un permis de communiquer par le préfet de police? »

Si c'est là ce qu'a répondu M. Soinoury, il a fait la chose du monde la plus naturelle et la plus légitime; c'est un acte de sa fonction, et alors pourquoi lui a-t-on donné un remplaçant à la direction de la Sûreté générale? Allons donc!

Il y a dans les devoirs que nous sommes obligés de remplir des heures cruelles. Tous ceux qui m'écoutent reconnaîtront qu'elles ne m'ont pas été ménagées dans l'affaire du Panama. J'établis la vérité comme je la vois dans l'intérêt de mon client, et cette vérité établie, je n'ai pas le désir de pousser plus loin mes avantages.

Les ministres nous disent qu'ils n'ont rien autorisé de semblable. Soit! mais je conclus de l'incident que le bras droit du ministère de l'intérieur, le directeur de la Sûreté générale, connaissait bien les sentiments des hommes politiques qu'il servait et que, serviteur trop zélé peut-être, il s'est dit que s'il parvenait à leur apporter quelque chose de ce qu'ils désiraient avoir, on ne repousserait pas le renseignement ainsi obtenu. Telle a été sa pensée. On me dit qu'il s'est trompé. Peu importe, car alors comment est-il possible que les ministres sachent si peu, je ne dirai pas ce qui se passe sous leurs yeux, mais l'usage qu'on fait de leur nom ? M. Soinoury affirme qu'il n'a pas agi au nom des ministres. Mais comment ceux-ci pouvaient-ils l'ignorer, quand les journaux dénonçaient le fait ? comment sont-ils si mal informés ? Si la personne des ministres peut se dégager, ce qui m'importe peu, il n'en reste pas moins cette impression que le chancelier d'un grand empire du Nord trahissait lorsque, envoyant son fils visiter les cours de l'Europe, il lui disait : « Allez, mon fils ! vous verrez par quels hommes le monde est gouverné. »

Et maintenant, voulez-vous, pour vous reposer de ces tristesses, vous donner le spectacle de simples et fortes qualités ? Détournez vos regards de l'accusation et portez-les du côté de l'accusé.

Certes, Messieurs, c'est une rude épreuve que d'avoir à vous rendre compte de tous ses actes et de toute sa vie. Le plus courageux, le plus sûr de soi, ne peut pas l'affronter sans terreur. Et cependant que pourrait-on craindre de votre équitable justice, lorsqu'on arrive devant vous avec une droiture absolue, une probité intacte et une médiocrité de fortune qui défie toutes les calomnies ? Je n'ai pas à revenir sur les détails que je vous ai déjà donnés, mais permettez-moi d'ajouter que le désintéressement absolu de M. Ferdinand de Lesseps et de son fils, que l'intégrité parfaite qu'ils ont gardée au milieu de ces intrigants, qui suent l'argent par tous les pores, ne leur a point été difficile, et qu'elle ne leur en a coûté aucun effort. M. Ferdinand de Lesseps n'a jamais eu qu'une seule passion, celle de la gloire, et ne l'a jamais séparée de l'amour de son pays. Après Suez, sa gloire était au comble, mais les exhortations de Gambetta tombèrent sur une de ces natures généreuses, actives, infatigables, qui ne connaissent ni les obstacles ni le repos... Chose singulière! ces deux hommes, qui ont toujours été étrangers à la politique, se trouvent en réalité compromis par des hommes politiques et par des passions politiques. Elle savait pourtant bien où les trouver, la politique, quand elle avait besoin d'eux...

Ah! que les choses changent et le langage des hommes avec elles!... Qui de vous a perdu le souvenir de ce voyage triomphal que M. Ferdinand de Lesseps fit en 1885, à l'Exposition de Hongrie, de l'enthousiasme que ce vieillard provoquait parmi tous ces peuples amis de la France, enflammant tous les jeunes gens par ses discours, leur faisant crier : « Vive la France! » et le soir, valsant sans défaillance avec de jeunes Hongroises, sur le front desquelles, disent les journaux du temps, il déposait des baisers suffisamment paternels... (*Rires.*) Qui de vous a oublié cette mission que le Gouvernement lui confia, à ce grand corrupteur, en 1887, cette visite faite à la cour de Berlin, la courtoisie avec laquelle il fut accueilli et ces fières paroles, qu'en quittant l'Empereur, il lui adressait :

« Sire, si l'Allemagne nous faisait la guerre, je prendrais un fusil, j'armerais tous mes enfants, et nous irions tous à la frontière mourir pour la patrie. Il n'y a pas une famille en France où la mère ne dirait à son fils : Va te battre! pas une femme qui ne se dévouerait pour panser les blessures de nos soldats, pas un vieux bas de laine qui ne se viderait pour soutenir la lutte jusqu'à la fin. Ce serait une guerre terrible et sans quartier. Dieu vous garde de la provoquer! »

Comme ces paroles ont alors retenti dans toutes les

âmes françaises ! comme nos cœurs battaient à l'unisson du sien ! car, voyez-vous, Messieurs les jurés, c'est cette générosité chevaleresque, cette crânerie patriotique, cette familiarité distinguée, qui ont fait la popularité de M. de Lesseps et lui valent encore, à l'heure présente, les sympathies profondes dont il est entouré. Le talent, le génie, tout cela n'est rien, ou peu de chose, car on les rencontre souvent avec l'orgueil et le mépris de l'humanité ; l'homme n'est grand que par le cœur, par la droiture, par la loyauté, par la générosité et par la bonté ; c'est par là qu'il est grand, et, ce qui vaut mieux encore, c'est par là qu'il mérite d'être aimé, et personne ne l'a jamais été autant que ces deux hommes.

Tenez, Messieurs, voici un trait du père, il est digne d'être connu. Il avait accueilli sur les chantiers de Suez des forçats échappés des bagnes de l'Autriche. Le consul d'Autriche, après avoir rempli les formalités d'extradition, vint, ses firmans à la main, lui réclamer ces criminels. M. Ferdinand de Lesseps refusa de les lui rendre. Il les lui montra régénérés par le travail et par l'économie, et peu s'en fallut que le consul d'Autriche, émerveillé, ne vînt au nom de son souverain le prier d'en recevoir davantage. « Je n'ai jamais rencontré d'hommes méchants, disait M. de Lesseps, je n'ai vu que des malheureux. » Tel il était, Messieurs, et tel est son fils.

Je vous ai parlé de M. Charles de Lesseps dans l'entreprise de Panama, — c'est la seule que vous ayez à juger : et vous l'avez vu pendant dix ans aux prises avec un travail effroyable et quelque chose de plus redoutable encore pour lui que le travail, les pressions de toutes sortes auxquelles il était en butte. Mais à la même heure, au même moment, cet homme soutenait le poids effroyable de la direction de l'entreprise de Suez, et vous allez voir comment il parvint à réparer dans la mesure du possible le mal irréparable que nous a fait la faiblesse de nos gouvernants.

Écoutez ces lettres ; l'une est de M. Ralli, l'un des plus grands commerçants français établis en Angleterre, l'autre de M. Waddington, la troisième de M. Jules Ferry.

Cher ami,

Mme Ralli et moi partirons le 24 novembre de Londres pour Brindisi et le 26 de Brindisi pour Adélaïde (Australie), pour aller voir notre second fils Étienne, qui exploite une ferme que je lui ai achetée à 60 milles d'Adélaïde. Avant notre départ, je tiens à vous écrire ces lignes pour vous exprimer notre profonde sympathie pour le grand malheur qui vous a frappés. Nous passerons par ce canal de Suez, cette grande œuvre de votre illustre père et que vous, cher ami, vous avez pu conserver à la France par la convention que vous avez conclue en 1883 avec les armateurs anglais.

A cause de nos grandes relations avec ces armateurs, avec qui notre maison est très liée par suite des affaires que nous faisons avec eux, je connaissais leurs projets et leur décision de construire par une souscription nationale un second canal de Suez, réduisant à 5 francs le taux du transit, canal qui aurait détruit la grande œuvre de votre père et qui aurait anéanti l'immense capital français représenté par votre canal.

C'est dans cette chambre d'où je vous écris qu'ont commencé un dimanche vos négociations avec les armateurs anglais, mes amis, négociations que vous avez heureusement terminées et qui ont sauvé le canal de Suez. Vous connaissez mon ardent patriotisme et l'amitié tout à fait désintéressée que je vous ai vouée pour ce que vous avez fait pour la France et pour la République, en préservant pour notre patrie l'œuvre la plus grande de notre siècle.

Que le souvenir de ce que vous avez fait pour notre chère patrie vous soulage dans votre immense douleur.

Veuillez présenter mes respectueux hommages à Mme de Lesseps. Mme de Ralli me prie de la rappeler à votre souvenir. J'ai été, je suis, je resterai votre ami dévoué.

Signé : Étienne Ralli.

Voici maintenant le langage de l'ambassadeur :

M. Waddington, ambassadeur de France à Londres, à M. Ch. de Lesseps.

4 décembre 1883.

Monsieur,

J'ai bien regretté d'être sorti quand vous êtes venu me voir avant mon départ ; j'aurais été heureux d'apprendre de votre bouche les détails de la dernière phase de vos négociations. Mais je tiens surtout à vous féliciter de l'habileté, de la fermeté, de la prudence que vous avez déployées dans cette difficile affaire. Le public français ne paraît pas se douter des obstacles de toute sorte que vous aviez à surmonter, et du véritable danger qu'il y avait de voir les Anglais entreprendre la construction d'un nouveau canal. Sans doute, vous avez dû faire des concessions, mais aucune d'elles ne porte atteinte aux œuvres vives, si je puis m'exprimer ainsi, de l'entreprise, et la convention laisse entre vos mains la direction effective après comme avant.

Pour moi, il n'est pas douteux qu'avec un autre premier ministre, que M. Gladstone, le gouvernement anglais n'aurait pas résisté à la pression des intérêts, les uns égoïstes, les autres politiques, qui agissaient sur lui.

La négociation et l'accord intervenu vous font le plus grand honneur, et je tenais à vous le dire.

Permettez-moi de me féliciter des circonstances qui nous ont mis en rapport et dont je garderai un vif souvenir.

Agréez, Monsieur, l'assurance de mes sentiments les plus distingués.

Signé : Waddington.

Et enfin, M. Jules Ferry lui écrivait quelque temps après, le 29 mai 1884 :

M. Jules Ferry à M. Ch. de Lesseps.
Présidence du Conseil.

Paris, le 29 mai 1884.

Je vous félicite, mon cher Monsieur de Lesseps, de ce beau succès qui consacre une fois de plus votre autorité et qui importait grandement à l'intérêt national.

Votre dévoué et affectionné.

Signé : Jules Ferry.

M. Jules Ferry était alors président du conseil.

Voilà ce qu'a fait M. Ch. de Lesseps, et les administrateurs de Suez ne faisaient ainsi que reconnaître les immenses services qu'il a rendus lorsque, au moment où il a été jeté en prison, ils lui adressaient la lettre suivante :

Les membres du Conseil d'administration réunis, extraordinairement le 20 décembre, après la séance levée, n'ont pas voulu se séparer sans adresser à M. Charles de Lesseps le témoignage de leur sympathie. Ils n'oublient pas les services éclatants rendus à la Compagnie de Suez depuis vingt ans par leur vice-président, et ils forment ardemment le vœu qu'il vienne reprendre prochainement la direction de ses affaires.

Mais en même temps que les administrateurs rendaient ainsi hommage à l'homme habile, laborieux, honnête, au négociateur avisé qui a su faire accepter à l'Angleterre la prééminence de la France dans la direction de l'œuvre qu'elle a créée, le 1er janvier de l'année 1893, tous les employés du canal de Suez tenaient à lui apporter eux-mêmes à Mazas l'hommage de leur respect et le témoignage de leur affection. Ai-je besoin d'ajouter que depuis ces douloureux événements les lettres affluent de toutes parts, remplies des témoignages les plus touchants de l'admiration vivace et de l'affection profonde que la France éprouve pour ces deux hommes ? Je ne vous en lirai qu'une seule.

A M. Charles de Lesseps,

5 mars 1893.

Monsieur,

Je ne suis qu'un pauvre instituteur et n'ai point l'honneur de vous connaître, mais j'ai toujours eu une profonde admiration pour M. de Lesseps. Or, hier, faisant lire à mes élèves une page de leur livre de lecture, nous sommes tombés sur un passage où il est question du Grand Français. Dites simplement M. de Lesseps, ai-je fait... — Alors plusieurs petits à la fois : Mais il n'est donc plus le Grand Français? Un moment d'embarras, mais presque aussitôt, comme honteux de moi-même, je me suis écrié : « Si, mes enfants, M. de Lesseps reste malgré tout le Grand Français ! » et un éclair de contentement a brillé dans tous les yeux; un sourire de satisfaction éclairait ces jeunes visages.

Oui, M. de Lesseps reste toujours une de nos gloires, mais au nom du ciel, Monsieur, défendez votre père, défendez ce que nous, petits instituteurs, étions si fiers de faire admirer à nos élèves.

Ah ! les braves cœurs, Messieurs, et comme ceux-là consolent les autres ! Voilà l'homme, et quant au procès, vous me permettrez de le résumer en quelques mots.

Nous ne sommes ni les uns ni les autres assez naïfs pour croire que le désintéressement conduise les affaires du monde. Nous savons à merveille qu'on mène les hommes plus aisément par leurs passions ou par leurs vices que par la raison ou par leurs vertus. Ce n'est pas la première fois qu'un homme abuse du pouvoir qui lui est confié pour satisfaire une avidité criminelle. Mais si de pareils faits ont toujours soulevé dans le public une curiosité passionnée, ils n'y avaient du moins jusqu'ici jeté ni malaise, ni inquiétude. Cette fois, le pays s'est ému parce qu'il a vu dans les événements moins un accident qu'un symptôme. Il s'est dit que la Compagnie du Panama n'était point après tout la seule qui dépendît des pouvoirs publics. Il s'est demandé si, lorsqu'on porte à la tribune des interpellations qui visent des intérêts privés, les voix qu'on entend attaquer et défendre sont des voix désintéressées. En un mot, quelquefois amené à douter de la sincérité de ceux qui gouvernent, le pays s'est effrayé de la pensée d'avoir à se défier de leur probité.

Alors, les deux ministères qui se sont succédé aux affaires depuis trois mois nous ont donné le plus étonnant de tous les spectacles. Composés d'hommes qui tous déjà avaient plusieurs fois porté le harnais ministériel (*Rires*), ils se sont crus tous compromis par les accusations qui en attaquaient quelques-uns. D'ailleurs, comment soutenir que la corruption hantait, la tête haute, les couloirs du Parlement et prétendre, quand on a été ministre, qu'on l'a ignoré !... En sorte qu'ils se sont trouvés à plusieurs reprises dans cette situation délicate d'avoir à livrer leurs meilleurs amis ou à se livrer eux-mêmes... et je dois leur rendre cette justice de reconnaître qu'ils n'ont jamais hésité.

Et puis, Messieurs, les regrets sont venus. Quelque impitoyable que soit l'égoïsme des hommes d'État, ce sont cependant des hommes. De grands intérêts soutenus en commun, des batailles livrées ensemble, des espérances, des craintes, des secrets partagés, tout cela crée entre les hommes un lien si puissant que l'honneur même commande de le respecter, fût-ce au prix d'un risque personnel. Nous-mêmes, Messieurs, je parle de vous et de nous, nous qui simples citoyens, ne saurions prétendre aux sentiments nobles et élevés que les grandes fonctions inspirent, lorsque les hasards de la vie ont mêlé d'autres hommes à nos travaux, nous gardons toujours la reconnaissance profonde de cette collaboration et le respect de cette solidarité. Si l'on accuse nos amis, nous nous refusons à les croire coupables, et s'ils le sont, nous les défendons encore. Quant à les accuser nous-mêmes, cette pensée nous ferait horreur. Ce ne sont pas, je le reconnais, des sentiments héroïques, ils sont humains, honorables, nous nous en contentons et je suis d'ailleurs disposé à croire qu'il en reste quelque chose, — quoiqu'il n'y paraisse pas toujours — dans l'âme des hommes d'Etat. Ajoutez ceci, Messieurs : quand la mer est mauvaise, on jette du lest, et quelquefois il arrive qu'on jette du même coup, par-dessus bord quelques-uns de ses compagnons de voyage; oui; mais si l'on envoie tous ses amis en Cour d'assises, avec qui gouvernera-t-on? De là, cette conséquence très vite aperçue qu'il fallait, pour donner satisfaction à l'irritation publique, choisir quelques victimes, mais les choisir en même temps parmi ceux dont on n'avait rien à craindre, ni rien à espérer. Rien à craindre, cela est évident de soi-même pour les députés et les sénateurs qui sont ici sur ces bancs; rien à espérer, cela ne l'est pas moins pour les administrateurs de la Compagnie de Panama.

Un événement parlementaire vint précipiter toutes ces résolutions. Le 15 décembre, le ministère, après une lutte passionnée, obtenait six voix de majorité. Dès le lendemain, M. Charles de Lesseps, M. Marius Fontane étaient emprisonnés et jetés au secret, et dans les jours qui suivaient, le gouvernement demandait l'autorisation de poursuivre quatorze députés ou sénateurs, dont cinq anciens ministres. Ainsi le ministère, par crainte d'être accusé de faiblesse, se montrait violent, et brutal, pour ne pas être suspecté de modération.

Mais le ministère ne pouvait pas garder longtemps cette attitude. Poursuivre cinq ministres, cela est bien et de nature à frapper l'opinion publique; mais les envoyer en Cour d'assises, c'est une autre affaire. Vous représentez-vous ces cinq ministres étalant devant vous, Messieurs les jurés, qui représentez ici le pays tout entier, quinze années d'existence parlementaire et ministérielle : intrigues de couloirs, concessions intéressées, délations accueillies, secrets partagés ? Vous représentez-vous M. Rouvier commentant ici cette fameuse apostrophe que je plaçais tout à l'heure sous vos yeux :

« Si je n'avais point agi comme je l'ai fait, beaucoup de ceux qui m'écoutent ne seraient pas ici ? »

Vous représentez-vous d'anciens ministres de la justice, MM. Devès et Thévenet, vous ouvrant ici les coulisses d'une antichambre ministérielle...? Je ne sais si, pour votre part, en voyant tant d'hommes considérables exposés à passer en Cour d'assises, vous avez craint pour leurs jours et redouté de voir le gouvernement se porter aux derniers excès. Pour ma part, j'ai toujours été là-dessus d'une sérénité absolue : au temps où nous sommes, celui-là ne craint rien qui a entre les mains de quoi se faire craindre ! (*Mouvement dans l'auditoire.*)

Mais le même calcul qui conseillait de ménager les hommes politiques qu'on avait d'abord poursuivis, conseillait de perdre les administrateurs de Panama. L'irritation publique, s'est-on dit, demande quelques victimes, désignons-les nous-mêmes... la colère est aveugle, elle se satisfait d'abord, sauf ensuite à se repentir. D'ailleurs, c'est leur faute : s'il n'y avait pas eu de Panama, nous ne verrions pas cette émotion universelle qui menace la sécurité du personnel gouvernemental qui jouit de la France depuis douze ans ; si la caisse du Panama n'avait pas été bien remplie, aucun ministre n'aurait été leur demander l'aide qu'ils ont accordée, — et si elle l'était encore, ils sauraient bien faire taire les braillards qui nous importunent. D'ailleurs, que pouvons-nous craindre d'eux? Ils ont des amis, sans doute, mais ni eux ni leurs amis n'appartiennent à aucune coterie; ils ne disposent d'aucune voix, ni à la Chambre, ni au Sénat. Il y a là-dessus une jolie fable de La Fontaine qui s'appelle : *Les Animaux malades de la peste.* Vos enfants l'apprennent après vous. Ce soir, je vous en prie, pour vous délasser de ces longues audiences, dites-leur de vous la réciter, et quand leur voix innocente et inconsciente répétera cette moralité terrible :

Selon que vous serez puissant ou misérable,
Les jugements de cour vous rendront blanc ou noir.

Dites-vous bien que si la Révolution française a changé quelque chose à cette justice politique, c'est grâce à vous, c'est grâce à l'institution du jury.

Aussi voyez comment on procède : pendant que les uns demeurent libres de préparer leur défense et de solliciter leurs protecteurs, les autres sont jetés au secret. Je reconnais qu'il est nécessaire dans l'intérêt social de prendre vis-à-vis de ceux qu'on arrête certaines précautions, il faut les empêcher de s'évader ou d'étrangler leurs gardiens; on leur met les menottes. On les a mises à ces deux hommes! Hélas! Messieurs, je ne suppose pas qu'on se soit dit que les foules aiment à voir souffrir quelquefois ceux que le hasard a placés momentanément au-dessus d'elles; en tous cas le calcul aurait été détestable; car ce sentiment de générosité qui est au fond de toutes les âmes françaises s'est à l'instant même révolté : on a vu clairement que c'étaient moins des coupables qu'on arrêtait ainsi que des victimes expiatoires offertes à la colère populaire, et ce qui n'était d'abord qu'un murmure et un pressentiment confus, est devenu l'explosion d'une conviction universelle, lorsqu'on a vu la fougue ministérielle s'abriter derrière l'indépendance de la magistrature, et s'égrener tout doucement le chapelet de ces accusations retentissantes, moins redoutables peut-être pour ceux qu'elles atteignaient que pour ceux qui les avaient formulées.

Pendant ce temps, l'instruction se déroulait, réservant au gouvernement les plus cruelles surprises. Elle lui livrait un à un tous ses amis et pas un de ses adversaires. Vous savez alors ce qu'on a fait vis-à-vis de Mme Cottu, et n'oubliez pas que je ne l'ai établi que pour bien marquer le caractère politique du procès. Il ne s'agit point ici des grands intérêts de la justice, également précieux à tous les citoyens; non, ce qu'on veut, c'est de sauver les uns en sacrifiant les autres. Pour franchir un rapide dangereux, on a fait descendre ses amis de la barque ministérielle; mais le rapide franchi, soyez tranquilles, ils s'y rembarqueront. C'est pour cela qu'on vous demande de condamner leurs victimes. Le ministère sollicite de vous un verdict qui soit un service et sa faiblesse a besoin de votre iniquité.

Mais avec vous, Messieurs les jurés, je suis sans inquiétude; vous êtes également à l'abri des prières et des faveurs du pouvoir. Je ne verrai point les témoins à charge traîner dans la salle de vos délibérations. Et quand vous y serez renfermés, vous n'entendrez plus, il est vrai, mes paroles que d'autres plaidoiries vous auront fait oublier, mais vous ouvrirez l'oreille de votre cœur à la voix de l'équité et de la conscience; et cette voix vous dictera un verdict qui, en rendant justice à un honnête homme, vous assurera l'honneur impérissable d'avoir restauré l'éclat d'un nom illustre, et consolé la France de l'injure imméritée qu'elle a reçue dans l'un de ses meilleurs enfants ! (*Longues acclamations.*)

IMPRIMERIE P. MOUILLOT, 13, QUAI VOLTAIRE, PARIS — 56413.

www.ingramcontent.com/pod-product-compliance
Ingram Content Group UK Ltd.
Pitfield, Milton Keynes, MK11 3LW, UK
UKHW020340230726
13925UKWH00003B/890

9 782014 06435